O *desespero humano*
(Doença até a morte)

FUNDAÇÃO EDITORA DA UNESP

Presidente do Conselho Curador
Mário Sérgio Vasconcelos

Diretor-Presidente
Jézio Hernani Bomfim Gutierre

Superintendente Administrativo e Financeiro
William de Souza Agostinho

Conselho Editorial Acadêmico
Danilo Rothberg
Luis Fernando Ayerbe
Marcelo Takeshi Yamashita
Maria Cristina Pereira Lima
Milton Terumitsu Sogabe
Newton La Scala Júnior
Pedro Angelo Pagni
Renata Junqueira de Souza
Sandra Aparecida Ferreira
Valéria dos Santos Guimarães

Editores-Adjuntos
Anderson Nobara
Leandro Rodrigues

SØREN KIERKEGAARD

O desespero humano
(Doença até a morte)

Tradução

Adolfo Casais Monteiro

© 2010 Editora UNESP
Título do original: *Sygdommen til Døden* (1849)
Traduzido da edição francesa *Traité du désespoir*

Direitos de publicação reservados à:
Fundação Editora da UNESP (FEU)
Praça da Sé, 108
01001-900 – São Paulo – SP
Tel.: (0xx11) 3242-7171
Fax: (0xx11) 3242-7172
www.editoraunesp.com.br
www.livrariaunesp.com.br
atendimento.editora@unesp.br

CIP – Brasil. Catalogação na fonte
Sindicato Nacional dos Editores de Livros, RJ

K59d

Kierkegaard, Søren, 1813-1855
  O desespero humano / Søren Kierkegaard ; tradução Adolfo Casais Monteiro. – São Paulo : Editora Unesp, 2010.
  168p.

  Tradução de: *Sygdommen til Døden*
  Inclui bibliografia
  ISBN 978-85-393-0073-0

  1. Pecado.   2. Desespero – Aspectos religiosos – Cristianismo.
  I. Título.

10-4731.   CDD: 241.3
                                                  CDU: 2-423

Editora afiliada:

Sumário

Introdução do tradutor . *9*

Prefácio . *17*

Exórdio . *19*

Primeira Parte
A doença mortal é o desespero

Livro I: O desespero é a doença mortal . *25*

Capítulo I: Doença do espírito, do eu,
o desespero pode como tal assumir três figuras:
o do desesperado inconsciente de ter
um eu (o que não é verdadeiro desespero);
o do desesperado que não quer, e o do desesperado
que quer ser ele próprio . *25*

Capítulo II: Desespero virtual e desespero real . *27*

Capítulo III: O desespero é a "doença mortal" . *30*

5

Søren Kierkegaard

Livro II: A universalidade do desespero . 37

Livro III: Personificações do desespero . 45

Capítulo I: Do desespero considerado não sob o ângulo da consciência, mas apenas quanto aos fatores da síntese do eu . 46

Capítulo II: O desespero visto sob a categoria da consciência . 60

Segunda Parte
Desespero e pecado

Livro IV: O desespero e o pecado . 101

Capítulo I: As gradações da consciência do eu (A qualificação: perante Deus) . 103

Apêndice: A definição do pecado implica a possibilidade do escândalo; nota geral sobre o escândalo . 108

Capítulo II: A definição socrática do pecado . 114

Capítulo III: Que o pecado não é uma negação, mas uma posição . 124

Apêndice ao livro IV: Não será então o pecado uma exceção? (a moral) . 129

Livro V: A continuação do pecado . 135

Capítulo I: O pecado de desesperar do seu pecado . 140

O desespero humano

Capítulo II: O pecado de desesperar quanto à remissão dos pecados (o escândalo) . *145*

Capítulo III: O abandono positivo do cristianismo, o pecado de o negar . *158*

Introdução do tradutor

Escrevendo este prefácio assumo duas pesadas responsabilidades: a primeira é pôr as minhas palavras no lugar que deveriam ter ocupado as de Leonardo Coimbra. Ia escrever o prefácio a esta tradução quando a morte o levou, e é indubitável que ele era a única pessoa que em Portugal poderia realizar devidamente essa ousada empresa de apresentar a obra de Kierkegaard ao leitor português. A segunda responsabilidade deriva da primeira: consiste na ousadia a que sou forçado, já que um prefácio era indispensável junto de uma obra de alguém que se pode dizer ignorado em Portugal.

Limitar-me-ei a indicar, muito sumariamente, as principais características da obra complexa, vasta e até contraditória do grande dinamarquês. Procurarei, principalmente, evitar ao leitor que aborde este livro sem nenhuma ideia da personalidade de Kierkegaard, a estranheza que não deixaria de lhe causar o contato abrupto com um vocabulário, uma forma de exposição e até um estilo excepcionais e um pouco abstrusos. E que me sejam perdoadas todas as inevitáveis deficiências, quer da apresentação, quer da tradução.

A obra de Kierkegaard não assumirá o seu pleno sentido se julgarmos dispensável o conhecimento de alguns fatos capitais da sua vida. Eis o que, só por si, lhe dá um caráter à parte no meio daquelas obras a que é costume chamar de filosofia; esta, com efeito é em regra considerada como uma atividade da razão, desligada e até hostil a qualquer intromissão da experiência humana de cada filósofo – como uma atividade que transcende o individual. Não será então incompleta, ilícita, uma filosofia que não se baste, da qual seja parte integrante a pessoa daquele que a exprime? É que Kierkegaard não é um filósofo de sistema; nunca aspirou a reduzir o Universo a uma harmoniosa concatenação de conceitos – nunca procurou reduzi-lo a um esquema abstrato. Dir-se-á então que não devemos considerá-lo como filósofo. Eis o que alguns fizeram, eis um problema debatido. Há quem o proclame "poeta do religioso", como Jean Wahl, um dos seus introdutores na França. Outros veem nele, principalmente, o autor de uma "teoria da crença". Pelo contrário, um Benjamin Fondane diz-nos: *"On na pas le droit de parler de Kierkegaard comme s'il n'était avant tout un philosophe".*[1] Em que assentar? Que não se choquem os leitores se eu lhes afirmar a necessidade de aceitar simultaneamente estas diversas interpretações. Exatamente por não ser filósofo "de sistema", Kierkegaard torna fácil a escolha do que a cada um pareça dominante na sua obra. Uma alma religiosa verá nele, de preferência, o prospector dos caminhos que levam a Deus pelo desnudamento da alma individual "através da sua própria transparência", como ele diz neste livro. Os "metafísicos por

---

1 "Não temos o direito de falar de Kierkegaard como se ele não fosse, antes de tudo, um filósofo." (N. E. P.)

O desespero humano

paixão" irão sem dúvida ao encontro do Kierkegaard inquietante, do adversário de Hegel, do precursor de Chestov na "luta contra as evidências". Que não interesse apenas às almas plenas de inquietação religiosa, mas a todos os que não satisfaz uma filosofia separada do drama da existência, explica em grande parte essa "necessidade de Kierkegaard", afirmada por um dos seus comentadores. Porque este homem, que passara um quase esquecimento depois da sua morte [em 1855], e até antes dela começou a ser traduzido e comentado intensamente em todo o mundo, principalmente depois da Guerra. Outra razão no-lo pode explicar:

> *Depuis lors (1916)* [diz um dos seus tradutores] *nous avons pu assister à un immense renouveau de l'hégelianisme, qui rend à Kierkegaard toute son actualité et fait apparaître sa critique comme véritablement prophétique. On sait, en effet, que la conception du monde représentée par le fascisme d'une part, et le marxisme de l'autre, a ses origines idéologiques dans la philosophie de Hegel.*[2]

Mas as duas explicações podem fundir-se em uma só: tudo se resume na necessidade que a nossa época sente de valores mais fortes do que os simplesmente racionais, e de encontrar na filosofia, não sistemas de perfeita organização, de equilibrada arquitetura, mas a luta sangrenta do homem para arrancar, de si próprio, como pedaços de carne palpitante, os rostos da

---

2 "Desde por volta de (1916) [diz um de seus tradutores] pudemos assistir a uma imensa renovação do hegelianismo, que confere a Kierkegaard toda sua atualidade e faz aparecer sua crítica como verdadeiramente profética. Na realidade, sabe-se que a concepção do mundo representada de um lado pelo fascismo, de outro pelo marxismo, tem suas origens ideológicas na filosofia de Hegel." (N. E. P.)

verdade. Pois não é o próprio Kierkegaard quem, neste *Desespero humano*, ridiculariza aqueles que constroem um sistema em que não há detalhe que tenha sido esquecido e vivem ao lado desse palácio magnífico em uma pobre choupana?

Kierkegaard responde de fato a uma necessidade da nossa época — e a uma necessidade que não é só religiosa. Mais ainda, não a uma necessidade de soluções, coisa que a sua obra não oferece, mas de aprofundamento do drama essencial da filosofia, do drama da existência e de todos os "como" e "porquês" que lhe estão ligados. Escreveu algures o já citado Jean Wahl: *"la philosophie de Kierkegaard, étroitement liée, semble-t-il au premier abord, à une conception religieuse determinée, peut constituer une méthode d'application très générale pour arriver à une pensée passionée et dramatique".*[3]

Mas vejamos quais são esses fatos que impressionaram o jovem Kierkegaard de tal modo a marcar toda a sua obra. O primeiro só tem completo significado se soubermos qual o ambiente em que a infância e a juventude de Kierkegaard se desenrolaram. Citemos J. J. Gateau, outro dos seus introdutores em França:

> *Dernier né d'un second lit, Kierkegaard a grandi auprès d'un vieillard. La mère, modeste et gaie, semble n'avoir pas compté. La personnalité despotique du père, endurci par les ans et tout ce qu'il avait dû traverser dans la vie [Journal de K., mar. 1848] étendait de plus en plus une ombre sur les siens; Tout le piétisme sombre et soufrant d'un vieillard se déchargea sur cet enfant, en ces*

---

3 "A filosofia de Kierkegaard, que parece à primeira vista estreitamente ligada a uma concepção religiosa determinada, pode constituir um método com aplicação bastante geral para chegar a um pensamento apaixonado e dramático." (N. E. P.)

O desespero humano

premières années où l'imagination naissante n'a point encore d'objets qui la détournent [Journal, 1848].[4]

Ora, na origem desse ambiente sombrio, dessa religiosidade exigente, estava uma maldição que desde a sua infância pesava sobre o pai. Kierkegaard conta-a assim no seu Diário: "[...] esse homem [seu pai] que, rapazinho, guardador de carneiros nas charnecas da Jutlândia, sofrendo grandes males, cheio de fome e de frio, se ergueu sobre uma colina e amaldiçoou Deus — este homem não era capaz, aos oitenta e dois anos, de o esquecer".

Foi a consciência dessa falta, que, em uma alma inclinada para o excesso, provocou as exigências, os escrúpulos que vieram a refletir-se sobre a vida dos que o rodeavam — principalmente sobre Søren. Em primeiro lugar, mesmo antes de saber de que se tratava, sentindo algo tumular na atmosfera familiar; mais tarde, quando soube, o choque terrível, e tanto mais terrível quanto o pai era para ele a própria imagem de superioridade moral e pureza religiosa.

O outro fato é o rompimento do seu noivado. Para dar ao leitor os elementos necessários à compreensão da importância de um fato que, em condições normais, nunca poderia produzir um abalo de extraordinárias proporções, seria necessário

---

4 "Último filho nascido de um segundo casamento, Kierkegaard cresceu ao lado de um velho. A mãe, modesta e alegre, parece não ter feito diferença. A personalidade despótica do pai, endurecida pelos anos e tudo o que teve de atravessar na vida [*Diário de K.*, mar. 1848] estendeu cada vez mais uma sombra sobre os seus familiares. Toda a piedade sombria e sofredora de um velho se descarregou sobre esta criança, nesses primeiros anos onde a imaginação nascente não tem ainda objetos que a desviam [*Diário*, 1848]." (N. E. P.)

entrar em detalhes que este prefácio não comporta. O certo é que Kierkegaard não rompeu o seu noivado por ter deixado de amar Regina Olsen, mas por uma série de escrúpulos em que se nos revelam as suas profundas afinidades com seu pai. "O elemento mais profundo do drama" – diz o seu crítico Carl Koch – "foi a seriedade radical e escrupulosa de Kierkegaard." Pode-se, pois, imaginar até onde pode ir a exigência para consigo própria de uma alma que se comporta como a sua perante casos destes. E em toda a obra de Kierkegaard se nos revela esta seriedade, esta exigência torturante: toda a sua vida foi um drama sem interrupções, porque durante toda ela exigiu de si próprio a harmonia dos seus atos com o seu pensamento. Por isso combate Hegel, que para ele representa o exemplo mais completo da filosofia que se desenvolve à margem da vida, sem ter em conta a vaidade interior.

Kierkegaard fez uso de numerosos pseudônimos: é este um dos fatos que mais tem servido para lançar a confusão entre os que têm estudado a sua obra. Com efeito, sempre insatisfeito com as formas que consegue dar ao seu pensamento, achando incompleta cada uma das suas obras, Kierkegaard evita a responsabilidade de as confessar suas por não estar integralmente, a seu ver, em cada uma delas. Isso, e o caráter experimental, exemplar das suas obras, está amplamente demonstrado na extensa obra a que chamou *Estádios no caminho da vida* – em cada uma das suas partes se expõe uma concepção da Vida um estádio – e, sem tomar partido, Kierkegaard descreve, exemplifica cada um deles. Pode-se, talvez, tomá-los como as várias fases da sua própria vida: o estádio estético, o moral e o religioso. Ora, é natural que dada a exigência acima referida, Kierkegaard não encontrasse o acordo consigo próprio senão no religioso.

O desespero humano

Não sem terríveis lutas, contudo; porque a fé, para ele, não é uma posição que depois de conquistada é invulnerável, mas possuí-la supõe um combate ininterrupto. Aqui aparece uma das mais fecundas, mas também uma das mais difíceis ideias de Kierkegaard: a da repetição.

> *L'absolu nous avait d'abord, interpreta Jean Wahl dans la suspension de l'éthique, violemment séparés du réel, nous avait tournés contre lui; puis il s'est révélé sous son aspect infini, et nous a d'abord été un refuge, dans notre fuite loin du réel, lors du mouvement de la résignation infinie, enfin, dans le mouvement de la foi, il nous ramène violemment vers le réel, et nous permet de le conquérir et de le transfigurer.*[5]

Era neste movimento final que Kierkegaard fazia intervir a repetição, a qual consiste, por assim dizer, na conquista da eternidade no momento presente, na integração do eterno no tempo, mas em um tempo que, se é lícito exprimir-me assim, perderia por isso mesmo a temporalidade. Para ele, a fé não consiste na conquista de uma outra vida, mas, principalmente, na imortalização "desde" a vida mortal. Tudo isto, porém, é insuscetível de ser explicado em poucas palavras.

O que Kierkegaard exige acima de tudo é que não se procure a fé e a verdade pelo abandono do humano; o que ele incansavelmente afirma é que a fé se conquista "quando o eu mergulha

---

5 "O absoluto, interpretou Jean Wahl na suspensão da ética, nos tinha de início violentamente separados do real, nos colocou contra ele; depois ele se revelou sob seu aspecto infinito, e no início nos foi um refúgio, em nossa fuga longe do real, durante o movimento da resignação infinita, enfim, no movimento da fé, ele nos traz de volta violentamente em direção ao real, e nos permite conquistá-lo e transfigurá-lo." (N. E. P.)

através da sua própria transparência até ao poder que o criou". É com estas palavras que ele conclui este *Desespero humano* e nelas está encerrado o sentido essencial da sua obra. Por isso mesmo, ele afirmou que o "cristianismo do Novo Testamento não existe", querendo dizer com isso que os homens não vivem o cristianismo, que permanecem exteriores a ele.

E esta obra admirável, ainda que por vezes difícil, não contém outra coisa senão o estudo profundo, impiedoso, cruel até, das várias formas da luta do homem consigo próprio para a conquista da fé — que é, para Kierkegaard, a conquista do próprio eu.

Adolfo Casais Monteiro
Porto, 1936

Prefácio

É possível que esta forma de "exposição" se afigure, a muita gente, singular; que pareça demasiado severa para ser edificante, demasiado edificante para ter rigor especulativo. Se é demasiado edificante, não sei bem; demasiado severa, suponho que não; e se o fosse, seria, a meu ver, um defeito. O problema não está em saber se pode ser edificante para toda a gente, visto que nem toda a gente será capaz de a seguir; mas, neste caso, que seja edificante, por sua natureza. A regra cristã quer, com efeito, que tudo, tudo, possa ser pretexto para edificar. Uma especulação que não o consiga, será, por isso mesma, acristã. Uma exposição cristã deve evocar, sempre, as palavras do médico à cabeceira do enfermo; não sendo necessário ser cristão para as entender, nunca se deve esquecer, contudo, o lugar onde foram proferidas.

Esta intimidade do pensamento cristão com a vida (contrastando com a distância que a especulação mantém) e também esse aspecto ético do cristianismo implicam precisamente a edificação. E uma separação radical, uma diferença de natureza, separa uma exposição desta espécie, não obstante o seu rigor, dessa forma de especulação que se quer "imparcial", e cujo pretenso heroísmo sublime, bem longe de o ser, não é para o cristão mais do que uma espécie de desumana curiosidade. Ousar ser a si próprio, ousar ser um indivíduo, não um qualquer, mas este que é face a Deus, isolado na imensidade do seu esforço e da sua responsabilidade: eis o heroísmo cristão, e confessemos a sua provável raridade. Mas haverá heroísmo nessa ilusão de encontrar refúgio na humanidade pura, ou em brincar a ver quem mais se extasia perante a história da humanidade? Todo o conhecimento cristão, por estrita que seja de resto a sua forma, é inquietação e deve sê-lo; mas essa mesma inquietação edifica. A inquietação e o verdadeiro comportamento para com a vida, para com a nossa realidade pessoal e, consequentemente, ela representa, para o cristão, a seriedade por excelência; a elevação das ciências imparciais, muito longe de representar uma seriedade superior ainda, não é, para ele, senão farsa e vaidade. Mas sério é, eu vo-lo afirmo, aquilo que edifica.

Em certo sentido, portanto, um estudante de teologia teria podido ser o autor deste livrinho, ainda que, em outro sentido, talvez nenhum professor o tivesse podido escrever.

Mas, tal como se apresenta, este tratado não nasceu da irreflexão, nem deixa de ter probabilidades de acerto psicológico. Se há um estilo mais solene, o certo é que a solenidade levada a tal grau deixa de ter sentido, e com o hábito acaba por se reduzir à insignificância.

Quanto ao resto, uma última observação, sem dúvida supérflua, mas que não quero deixar de fazer: quero acentuar por uma vez qual a acepção que tem a palavra "desespero" em todas as páginas que se seguem; como o título indica, ele é a doença e não o remédio. É essa a sua dialética. Tal como na terminologia cristã, a morte exprime miséria espiritual, se bem que o remédio seja precisamente morrer, morrer para o mundo.

Exórdio

"Esta enfermidade não é para morte" (João 11:4) e contudo Lázaro morreu; mas como os discípulos não compreendessem a continuação: "Lázaro, o nosso amigo, dorme, mas eu vou acordá-lo do seu sono", Cristo disse-lhes sem ambiguidade: "Lázaro está morto" (11:14). Lázaro, portanto, está morto, e contudo a sua doença não era mortal, mas o fato é que está morto, sem que tenha estado mortalmente doente.

Cristo pensava nesse momento, sem dúvida, no milagre que mostrasse aos contemporâneos, ou seja àqueles que podem crer, "a glória de Deus", no milagre que acordou Lázaro de entre os mortos; de modo que "não só essa doença não era mortal, mas ele o predisse, para maior glória de Deus, a fim de que o filho de Deus por tal fosse glorificado".

Mas, ainda que Cristo não tivesse acordado Lázaro, nem por isso seria menos verdade que essa doença, a própria morte, não é mortal!

Desde o instante em que Cristo se aproxima do túmulo e exclama: "Lázaro, levanta-te e caminha!" (11:43), já estamos certos de que essa doença não é mortal. Mas até sem essas palavras, não mostra ele, ele que é "a Ressurreição e Vida" (11:25) só pelo aproximar-se do túmulo, que essa doença não é mortal? E o simples fato da existência de Cristo, não é isso evidente? Que proveito haveria, para Lázaro, em ter ressuscitado para ter de acabar por morrer! Que proveito, sem a existência daquele que é a Ressurreição e a Vida para qualquer homem que n'Ele creia! Não, não é por causa da ressurreição de Lázaro que essa doença não é mortal, mas por Ele existir, por Ele. Visto que na linguagem humana a morte é o fim de tudo, e, como é costume dizer-se, enquanto há vida há esperança. Mas, para o cristão, a morte de modo algum é o fim de tudo, e nem sequer um simples episódio perdido na realidade única que é a vida eterna; e ela implica para nós infinitamente mais esperança do que a vida comporta, mesmo transbordante de saúde e de força.

Assim, para o cristão, nem sequer a morte é a "doença mortal", e muito menos todos os sofrimentos temporais: desgostos, doenças, miséria, aflição, adversidades, torturas do corpo ou da alma, mágoas e luto. E de tudo isso que coube em sorte aos homens, por muito pesado, por muito duro que lhes seja, pelo menos àqueles que sofrem, a tal ponto que os faça dizer que "a morte não é pior", de tudo isso, que se assemelha à doença, mesmo quando não o seja, nada é aos olhos do cristão doença mortal.

Tal é a maneira magnânima como o cristianismo ensina ao cristão a pensar sobre todas as coisas deste mundo, a morte incluída. É quase como se lhe fosse necessário orgulhar-se de estar altivamente para além daquilo que correntemente é considerado infelicidade, daquilo que vulgarmente se diz ser o pior dos males... Mas em compensação o cristianismo descobriu uma miséria cuja existência o homem, como homem, ignora; e essa miséria é a doença mortal.

O desespero humano

O homem natural pode enumerar à vontade tudo o que é horrível – e tudo esgotar; o cristão ri-se da soma. A diferença que há entre o homem natural e o cristão é semelhante à da criança e do adulto. O que faz tremer a criança nada é para o adulto. A criança ignora o que seja o horrível, o homem sabe e treme. O defeito da infância está, em primeiro lugar, em não conhecer o horrível, e em seguida, devido à sua ignorância, em tremer pelo que não é para fazer tremer. Assim o homem natural: ele ignora onde de fato jaz o horror, o que todavia não o livra de tremer. Mas é do que não é horrível que ele treme. Assim o pagão na sua relação com a divindade; não só ele ignora o verdadeiro Deus, mas adora, para mais, um ídolo como se fosse um deus.

O cristão é o único que conhece a doença mortal. Dá-lhe o cristianismo uma coragem ignorada pelo homem natural – coragem recebida com o receio de um maior grau de horrível. Certo é que a coragem a todos é dada; e que o receio de um maior perigo nos dá forças para afrontar um menor; e que o infinito temor de um único perigo torna inexistentes todos os outros para nós. Mas a lição horrível do cristão está em ter aprendido a conhecer a "Doença mortal".

Primeira parte
A doença mortal é o desespero

Livro I
O desespero é a doença mortal

Capítulo I
Doença do espírito, do eu, o desespero pode como tal assumir três figuras: o do desesperado inconsciente de ter um eu (o que não é verdadeiro desespero); o do desesperado que não quer, e o do desesperado que quer ser ele próprio

O homem é espírito. Mas o que é espírito? É o eu. E, o eu? O eu é uma relação, que não se estabelece com qualquer coisa de alheia a si, mas consigo própria. Mais e melhor do que na relação propriamente dita, ele consiste no orientar-se dessa relação para a própria interioridade. O eu não é, a relação *em si*, mas sim o seu *voltar-se* sobre si própria, o conhecimento que ela tem de si própria depois de estabelecida.

O homem é uma síntese de infinito e de finito, de temporal e de eterno, de liberdade e de necessidade, é, em suma, uma síntese. Uma síntese é a relação de dois termos. Sob este ponto de vista, o eu não existe ainda.

Em uma relação de dois termos, a própria relação entra como um terceiro, como unidade negativa, e cada um daqueles termos se relaciona com a relação, tendo cada um existência separada no seu relacionar-se com a relação; assim acontece com respeito à alma, sendo a ligação da alma e do corpo uma simples relação. Se, pelo contrário, a relação se conhece a si própria, esta última relação que se estabelece é um terceiro termo positivo, e temos então o eu.

Uma tal relação, que se orienta sobre si própria, não pode ter sido estabelecida senão por si ou por um outro. Se o foi por um outro, essa relação é, sem dúvida, um terceiro termo, mas este é ainda, ao mesmo tempo, uma relação, isto é, relaciona-se com *quem estabeleceu* toda a relação.

Uma relação desse modo derivada ou estabelecida é o eu do homem; é uma relação que não é apenas consigo própria, mas com outrem. Daí provém que haja duas formas do verdadeiro desespero. Se o nosso eu tivesse sido *estabelecido* por ele próprio, uma só existiria: não querermos ser nós próprios, querermo-nos desembaraçar do nosso eu, e não poderia existir esta outra: a vontade desesperada de sermos nós próprios. O que esta fórmula, com efeito, traduz é a dependência do conjunto da relação, que é o eu, isto é, a incapacidade de, pelas suas próprias forças, o eu conseguir o equilíbrio e o repouso; isso não lhe é possível, na sua relação consigo próprio, senão relacionando-se com o que pôs o conjunto da relação. Mais ainda: esta segunda forma de desespero (a vontade de sermos nós próprios) designa tampouco uma maneira especial de desesperar, que, pelo contrário, nela finalmente se resolve e a ela se reduz todo o desespero. Se o homem que desespera tem, como ele crê, consciência do seu desespero, se não se lhe refere como a um fenômeno de origem exterior (um pouco como uma pessoa que, sofrendo de vertigens, e iludida pelos seus nervos, a elas se refere como se fossem um peso sobre a cabeça, um corpo que lhe tivesse caído em cima etc., quando o peso ou a pressão não é outra coisa senão, sem nada de externo, uma sensação interna) se este desesperado quer por força, por si e só por si, suprimir o desespero, ele dirá que não o pode conseguir, e que todo o seu ilusório esforço o conduz somente a afundar-se ainda mais. No desespero, a discordância não é uma simples discordância, mas a de uma relação que, embora orientada sobre si própria, é estabelecida por outrem; de tal modo que a discordância, existindo em si, se reflete além disso até ao infinito na sua relação com o seu autor.

Eis a fórmula que descreve o estado do eu, quando deste se extirpa completamente o desespero: orientando-se para si próprio, querendo ser ele próprio, o eu mergulha, através da sua própria transparência, até ao poder que o criou.

Capítulo II
Desespero virtual e desespero real

O desespero será uma vantagem ou uma imperfeição? Uma coisa e outra em pura dialética. Se considerarmos sua ideia abstrata, sem pensar num caso determinado, deveríamos julgá--lo uma enorme vantagem. Sofrer um mal destes coloca-nos acima do animal, progresso que nos distingue muito mais do que o caminhar em pé, sinal da nossa verticalidade infinita ou da nossa espiritualidade sublime. A superioridade do homem sobre o animal, está pois em ser suscetível de desesperar; a do cristão sobre o homem natural, em sê-lo com consciência, assim como a sua bestialidade está em poder curar-se.

27

Assim, há uma infinita vantagem em poder desesperar, e, contudo, o desespero não só é a pior das misérias, como a nossa perdição. Habitualmente a relação do possível com o real apresenta-se de outro modo, porque, se é uma vantagem, por exemplo, poder-se ser o que se deseja, maior ainda é sê-lo, isto é: a passagem do possível ao real é um progresso, uma ascensão.

Com o desespero, pelo contrário, há uma queda do virtual ao real, e a margem infinita do virtual sobre o real dá a medida da queda. Não desesperar é pois elevar-se. Mas a nossa definição é ainda equívoca. A negação, aqui, não se assemelha ao não ser manco, não ser cego etc. Pois que, se o não desesperar-se equivale à absurda ausência de desespero, o progresso, nesse caso, será o desespero. Não estar desesperado deve significar a destruição da possibilidade de o estar: para que um homem não o esteja verdadeiramente, é preciso que a cada instante aniquile em si a sua possibilidade. Habitualmente, é outra a relação do virtual com o real. É verdade os filósofos dizerem que o real é o virtual destruído; sem grande exatidão contudo, pois que é o virtual plenamente realizado, o virtual agindo. Aqui, pelo contrário, o real (não, estar desesperado), por consequência uma negação, é o virtual impotente e destruído; ordinariamente o real confirma o possível, aqui nega-o.

O desespero é a discordância interna de uma síntese cuja relação diz respeito a si própria. Mas a síntese não é a discordância, é apenas a sua possibilidade, ou então a implica. Do contrário, não haveria sombra de desespero, e desesperar não seria mais do que uma característica humana, inerente à nossa natureza, ou seja, o desespero não existiria, sendo apenas um acidente para o homem, um sofrimento como uma doença em que se soçobrasse, ou, como a morte, nosso comum destino.

O desespero humano

O desespero está, portanto, em nós; mas se não fôssemos uma síntese, não poderíamos desesperar, e tampouco o poderíamos se esta síntese não tivesse recebido de Deus, ao nascer, a sua firmeza.

De onde vem então o desespero? Da relação que a síntese estabelece consigo própria, pois Deus, fazendo que o homem fosse esta relação, como que o deixa escapar da sua mão, de modo que a relação depende de si própria. Esta relação é o espírito, o eu, e nela jaz a responsabilidade da qual depende todo o desespero, desde que existe; da qual ele depende a despeito dos discursos e do engenho dos desesperados em enganarem-se e enganar os outros, considerando-o como uma infelicidade — como no caso da vertigem que o desespero, a despeito da diferença, evoca, de mais de um ponto de vista e com a qual abundam as analogias, a vertigem estando para a alma como o desespero para o espírito.

Ora, quando a discordância, o desespero, apareceu, seguir--se-á que só por isso persista? De modo algum; a duração da discordância não depende desta, mas da relação que se relaciona consigo própria. Por outras palavras: cada vez que se manifesta uma discordância, e enquanto ela permanece, é necessário remontar à relação. Diz-se, por exemplo, que alguém apanha uma doença, digamos por imprudência. Em seguida declara-se o mal, e, a partir desse momento, é uma *realidade*, cuja origem está cada vez mais no *passado*. Seria cruel e um monstro quem continuamente censurasse o doente por estar apanhando a doença, como a fim de dissolver a cada momento a realidade do mal na sua possibilidade. Bom! Apanhou-a por sua culpa, mas só uma vez foi por sua culpa. A persistência do mal não é mais do que a simples consequência do único momento em que a apanhou, ao qual não se pode, a cada passo, reduzir o progresso da doença; ele apanhou-a, mas não se pode dizer que *ainda a apanha*. De outro modo se passam as coisas no desespero. Cada um dos seus instantes reais é redutível à sua possibilidade; a cada momento de desespero, se *apanha* o desespero; o presente constantemente se desvanece em passado real, a cada instante real do desespero o desesperado contém todo o passado possível como se fosse presente. Deriva isto de ser o desespero uma categoria do espírito, que no homem diz respeito à sua eternidade. Mas não podemos ficar quites com esta eternidade para toda a eternidade; nem sobretudo rejeitá-la por uma vez; a cada instante em que estamos sem ela, é porque já a rejeitamos ou estamos a rejeitá-la — mas ela volta, quer dizer, em cada instante que desesperamos *apanhamos* o desespero. Porque o desespero não é uma consequência da discordância, mas da relação orientada sobre si própria. E desta relação consigo própria, tampouco como do seu eu o homem pode estar quite, o que não é, afinal, senão o mesmo fato, pois que o eu é a relação, voltada sobre si própria.

Capítulo III
O desespero é a "doença mortal"

Esta ideia de "doença mortal" deve ser tomada num sentido particular. Ao pé da letra significa um mal cujo termo é a morte, e serve então de sinônimo de uma doença da qual se morre. Mas não é neste sentido que se pode designar assim o desespero; porque, para o cristão, a própria morte é uma passagem para a vida. Desse modo, a nenhum mal físico ele considera "doença mortal". A morte põe termo às doenças, mas só por si não constitui um termo. Mas uma "doença mortal" no sentido estrito quer dizer um mal que termina pela morte, sem que qualquer coisa subsista depois dele. E é isso o desespero.

Mas em outro sentido, mais categoricamente ainda, ele é a "doença mortal". Porque, bem longe de se morrer dele, ou de que esse mal acabe com a morte física, a sua tortura, pelo contrário, está em não se poder morrer, como se debate na agonia o moribundo sem poder acabar. Assim, estar *mortalmente* doente é não poder morrer, mas neste caso a vida não permite esperança, e a desesperança é a impossibilidade da última esperança, a impossibilidade de morrer. Enquanto ela é o supremo risco, tem-se confiança na vida; mas quando se descobre o infinito do outro perigo, tem-se confiança na morte. E quando o perigo cresce a ponto de a morte se tornar esperança, o desespero é o desesperar de nem sequer poder morrer.

Nessa última acepção, o desespero é portanto a "doença mortal", esse suplício contraditório, essa enfermidade do eu: eternamente morrer, morrer sem todavia morrer, morrer a morte. Porque morrer significa que tudo está acabado, mas morrer a morte significa viver a sua morte; e vivê-la um só instante, e vivê-la eternamente. Para que se morresse de desespero como de uma doença, o que há de eterno em nós, no eu, deveria poder morrer, como o corpo morre de doença. Ilusão! No desespero, o morrer continuamente se transforma em viver. Quem desespera não pode morrer; "assim como um punhal não serve para matar pensamentos", assim também o desespero, verme imortal, fogo inextinguível, não devora a eternidade do eu, que é o seu próprio sustentáculo. Mas esta destruição de si próprio que é o desespero, é impotente e não consegue os seus fins. A sua vontade própria é distrair-se, mas é o que ela não pode fazer, e a própria impotência é uma segunda forma da sua destruição, na qual o desespero pela segunda vez erra o seu alvo, a destruição do eu; é, pelo contrário, uma acumulação de ser, ou a própria lei dessa acumulação. Eis o ácido, a gangrena do desespero, esse suplício cuja ponta, dirigida para o interior, nos afunda cada vez mais numa autodestruição impotente. Bem longe de consolar o desesperado, pelo contrário, o insucesso do seu desespero a destruí-lo é uma tortura, reanimada pelo seu rancor; porque é acumulando sem cessar, no presente, o desespero pretérito que ele desespera por não poder devorar-se nem libertar-se do seu eu, nem aniquilar-se. Tal é a fórmula de acumulação do desespero, o crescer da febre nesta doença do eu.

O homem que desespera tem um *motivo* de desespero, é o que se pensa durante um momento, e só um momento; porque logo surge o verdadeiro desespero, o verdadeiro rosto do desespero. Desesperando de uma coisa, o homem desesperava de *si*, e logo em seguida quer libertar-se do seu eu. Assim, quando o ambicioso que diz "ser César ou nada" não consegue ser César, desespera. Mas isto tem outro sentido, é por não se ter tornado César que ele já não suporta ser ele próprio. No fundo, não é por não se ter tornado César que ele desespera, mas do eu que não o deveio. Esse mesmo eu que de outro modo teria feito a sua alegria, alegria contudo não menos desesperada, ei-lo agora mais insuportável do que tudo. Olhando as coisas mais de perto, não é o fato de não se ter tornado César que é insuportável, mas o eu que não se tornou César, ou, antes, o que ele não suporta é não poder libertar-se do seu eu. Tê-lo-ia podido, tornando-se César, mas tal não sucedeu, e o nosso desesperado tem de se sujeitar. Na sua essência, o seu desespero não varia, pois não possui o seu eu, não é ele próprio. Ele não

O desespero humano

se teria tornado ele próprio, tornando-se César, é certo, mas ter-se-ia libertado do seu eu. É portanto superficial o dizer de um desesperado, como se fosse o seu castigo, que ele destrói o seu eu. Porque é justamente aquilo de que, para seu desespero, para seu suplício, ele é incapaz, visto que o desesperado lançou fogo àquilo que nele é refratário, indestrutível: o eu.

Desesperar de uma coisa não é ainda, por consequência, verdadeiro desespero, é o seu início: está latente, como os médicos dizem de uma enfermidade. Depois declara-se o desespero: desespera-se de si próprio. Olhai uma rapariga desesperada de amor, isto é, da perda do seu amado, morto ou inconstante. Tal perda não é desespero declarado, mas é dela própria que ela desespera. Aquele eu, do qual ela se teria despojado, que teria perdido com deleite se ele se tivesse tornado o bem do "outro", esse eu provoca agora a sua tristeza, porque tem de ser um eu sem o "outro". Esse eu que tem sido — aliás também desesperado em outro sentido — o seu tesouro, é-lhe agora um abominável vazio, morto o "outro", ou como que uma repugnância, pois provoca o abandono. Tentai dizer-lhe: "Estás a matar-te, minha filha", logo vereis como ela responde: "Ai de mim! Não, a minha pena, precisamente, é não o conseguir".

Desesperar de si próprio, querer, desesperado, libertar-se de si próprio, tal é a fórmula de todo o desespero, e a segunda: querer, desesperado, sê-la, reduz-se àquela, como atrás reduzimos (ver Capítulo I), ao desespero no qual alguém quer ser ele próprio, aquele em que se recusa a sê-lo. Quem desespera quer, no seu desespero, ser ele próprio. Mas então, é porque não pretende desembaraçar-se do seu eu? Aparentemente, não; mas se virmos as coisas mais de perto, encontramos sempre a mesma contradição. Este eu, que o desesperado quer ver, é um eu que ele não é (pois querer ser o eu que se é verdadeiramente é o contrário do desespero), o que ele quer, com efeito, é separar o seu eu do seu Autor. Mas aqui ele falha, não obstante desesperar, e apesar de todos os esforços do desespero, este Autor permanece o mais forte e constrange-o a ser o eu que ele não quer ser. Entretanto, o homem deseja sempre se libertar do seu eu, do eu que é, para se tornar um eu da sua própria invenção. Ser este "eu" que ele quer, faria o seu deleite – se bem que em outro sentido o seu caso não seria menos desesperado – mas o constrangimento de ser este eu que não quer ser é o seu suplício: não pode libertar-se de si próprio.

Sócrates provara a imortalidade da alma pela impotência da doença da alma (o pecado) em destruí-la, como a doença destrói o corpo. Pode-se demonstrar identicamente a eternidade do homem pela impotência do desespero em destruir o eu, por esta atroz contradição do desespero. Sem a eternidade em nós próprios não poderíamos desesperar; mas caso ele pudesse destruir o eu, também não haveria desespero.

Assim é o desespero, essa enfermidade do eu, "a Doença mortal". O desesperado é um doente de morte. Mais do que em nenhuma outra enfermidade, é o mais nobre do eu que nele é atacado pelo mal; mas o homem não pode morrer dela. A morte, não é neste caso o termo da enfermidade: é um termo interminável. Salvar-nos dessa doença, nem a morte o pode, pois aqui a doença, com o seu sofrimento e... a morte, é não poder morrer.

É esse o estado de desespero. E o desesperado pode não o saber, pode conseguir (isto é sobretudo verdadeiro para o desespero que se ignora) perder o seu eu, e perdê-lo tão completamente que não fiquem vestígios: de qualquer modo a

O desespero humano

eternidade fará revelar-se o desespero do seu estado, retê-lo-á no seu eu. E porque nos espantaremos deste rigor? Pois que este eu, nosso ter, nosso ser, é ao mesmo tempo a suprema infinita concessão da Eternidade ao homem e a garantia que tem sobre ele.

Livro II
A universalidade do desespero

Assim como talvez não haja, dizem os médicos, ninguém completamente são, também se poderia dizer, conhecendo bem o homem, que nem um só existe que esteja isento de desespero, que não tenha lá no fundo uma inquietação, uma perturbação, uma desarmonia, um receio de não se sabe o quê de desconhecido ou que ele nem ousa conhecer, receio de uma eventualidade exterior ou receio de si próprio; tal como os médicos dizem de uma doença, o homem traz em estado latente uma enfermidade, da qual, por lampejos, raramente, um medo inexplicável lhe revela a presença interna. E de qualquer maneira jamais alguém viveu e vive, fora da cristandade, sem desespero, nem ninguém na cristandade se não for um verdadeiro cristão; pois que, a menos de o ser integralmente, nele subsiste sempre um grão de desespero.

Este ponto de vista parecerá a muitos um paradoxo, um exagero, uma ideia triste e desanimadora. E todavia não é assim. Bem longe de obscurecer, ele pelo contrário tenta fazer luz sobre o que é geralmente deixado em uma certa penumbra; bem longe de desanimar, ele exalta, visto considerar sempre o homem segundo a suprema exigência do seu destino: ser um espírito; enfim, longe de ser um dito espirituoso, é um ponto de vista fundamental e perfeitamente lógico, e consequentemente que não exagera.

A concepção corrente do desespero limita-se, pelo contrário, à aparência, é um ponto de vista superficial, e não uma concepção. Segundo ela, cada um de nós será o primeiro a saber se é ou não um desesperado. O homem que se diz desesperado, ela crê que o seja, mas basta que não creia, para passar por não o ser. Rarefica-se assim o desespero, quando, na verdade, ele é universal. Não é ser desesperado que é raro, o raro, o raríssimo, é realmente não o ser.

Mas a opinião do vulgo não compreende grande coisa do desespero. Assim (para citar um único caso, que, a ser bem compreendido, faz recolher milhares de milhões de homens sob a rubrica do desespero) o que a maior parte não vê, é que não ser desesperado, não ter consciência de o ser, é precisamente uma forma de desespero. No fundo, ao definir o desespero, o vulgo comete o mesmo erro que ao declarar alguém doente ou com saúde... mas um erro, neste caso, bem mais profundo, porque ele faz infinitamente menos ideia do que seja o espírito (e sem o saber, nada se compreende do desespero) do que a doença ou a saúde. Geralmente, quem se não confessa doente passa por são, e mais ainda se é ele quem se considera saudável. Os médicos, pelo contrário, olham de outro modo as doenças. Porque têm uma ideia precisa e desenvolvida do que seja a saúde, e por ela se regulam para julgar o nosso estado. Não ignoram que, assim como há doenças imaginárias, há saúdes imaginárias; por isso receitam remédios para tornar o mal patente. Porque há sempre, no médico, um homem experimentado, que desconta

O desespero humano

metade do que dizemos sobre o nosso estado. Se ele pudesse confiar sem reserva em todas as nossas impressões individuais, como estamos, onde sofremos etc., o papel do médico seria apenas ilusório. Não lhe basta, com efeito, prescrever remédios, mas em primeiro lugar reconhecer o mal e portanto, antes de mais, saber se este está realmente doente, como supõe, ou se aquele, que se julga são, não é no fundo um doente. Isso também acontece com o psicólogo em face do desespero. Ele sabe o que é o desespero, conhece-o, e portanto não se contenta com a opinião de quem quer não se crê ou crê desesperado. Não esqueçamos, com efeito, que em certo sentido nem sempre o são aqueles que dizem sê-lo. É fácil imitar o desespero, é fácil que sejam tomadas como desespero todas as espécies de abatimento sem consequências, de sofrimentos que passam sem chegar a sê-lo. Contudo o psicólogo não cessa, mesmo em casos assim, de encontrar as formas de desespero; é certo que vê tratar-se de afetação – mas até esta imitação é desespero; tampouco se deixa iludir por todos os abatimentos sem consequências – mas a insignificância destes ainda é desespero!

Também não vê o vulgo que o desespero, como enfermidade espiritual, é diferentemente dialético daquilo que ordinariamente se chama uma doença. Mas, bem compreendida, esta dialética engloba ainda milhares de homens na categoria de desespero. Se uma pessoa, cuja saúde ele constatou em dado momento, cai depois doente, o médico tem o direito de dizer que *estava são* e que *está* agora doente. O mesmo não sucede com o desespero. A sua aparição mostra já a sua preexistência. Consequentemente nunca podemos nos pronunciar sobre alguém, quando não se salvou por ter desesperado. Porque o próprio acontecimento que o lança no desespero, imediatamente revela que toda a sua vida passada tinha sido desespero. Ao passo que não se poderia dizer, quando alguém tem febre, que é evidente, agora, que sempre a tivera. Mas o desespero é uma categoria do espírito, suspensa na eternidade, e um pouco de eternidade entra por consequência na sua dialética.

O desespero não é apenas uma dialética outra que uma doença, mas até os seus sintomas todos são dialéticos e é por isso que o vulgo corre o risco de se enganar quando considera alguém como sendo, ou não, um desesperado. Não o ser pode, com efeito, significar: que se é, ou ainda: que tendo-o sido, se está já salvo dele. Estar seguro e calmo pode significar que o somos: esta calma, esta segurança podem ser desespero. A ausência de desespero não equivale à ausência de um mal; porque não estar doente não significa que o sejamos, mas não estar desesperado pode ser o próprio indício de que o somos. Nada portanto de idêntico à doença, na qual o mal-estar é a própria doença. Nenhuma analogia. Aqui o próprio mal-estar é dialético. Nunca o ter sentido, eis precisamente o desespero.

A razão disso é que, a considerá-lo como espírito (e para falar do desespero é sempre sob esta categoria que o devemos fazer), jamais o homem deixa de estar em um estado crítico. Porque motivo não se fala de crise senão para as doenças e não para a saúde? Porque com a saúde física permanecemos no imediato, não há dialética senão com a doença e só então se pode falar de crise. Mas no espiritual, ou quando se estuda o homem sob esta categoria, doença e saúde são igualmente críticas, e não existe saúde imediata do espírito.

Pelo contrário, desde que nos desviamos do destino espiritual (e sem ele não se poderia falar em desespero) para não ver no homem mais do que uma simples síntese de alma e de

O desespero humano

corpo, a saúde volta a ser uma categoria imediata e é a doença, do corpo ou da alma, que se torna categoria dialética. Mas o desespero é precisamente a inconsciência em que os homens estão do seu destino espiritual. Mesmo aquilo que para eles é mais belo e adorável, a feminilidade na flor da idade, toda ela alegria, paz e harmonia, mesmo esta é desespero. É felicidade, sem dúvida, mas será a felicidade uma categoria do espírito?

De modo algum. E no seu fundo, até na sua mais secreta profundidade, também habita a angústia que é desespero e que só aspira a ocultar-se aí, pois não há lugar mais na predileção do desespero do que o mais íntimo e profundo da felicidade. Toda a inocência, não obstante a sua paz e segurança ilusórias, é angústia, e jamais a inocência sente maior temor do que quando a sua angústia carece de objeto; a pior descrição de uma coisa horrível, jamais aterrorizará tanto a inocência como a reflexão o pode fazer com uma palavra hábil, lançada como que distraidamente, mas contudo calculada sobre qualquer vago perigo; sim, o maior pavor que se possa dar à inocência, é insinuar-lhe, sem falar nisso, que ela sabe muito bem de que se trata. E é bem certo que ela o ignora, mas nunca a reflexão tem armadilhas mais sutis e mais seguras do que aquelas que forma com nada, e nunca ela é mais real do que quando não é senão... nada. Somente uma reflexão acerada, ou, melhor, uma grande fé, poderiam resistir à reflexão sobre o nada, isto é, à reflexão sobre o infinito.

E assim o que é mais belo e mais adorável, a feminilidade em flor, é todavia desespero.

Por isso esta inocência não basta para atravessar a vida. Se até ao fim nada, além desta felicidade, se possui como bagagem, nada se ganha com isso, pois só se possui desespero. E precisamente, porque ele não é senão a dialética, o desespero é a doença que, pode dizer-se, o pior mal é não ter sofrido... e é uma divina felicidade suportá-la, se bem que seja a mais nociva de todas, quando não queremos curar-nos dela. Tanto é assim que, salvo neste caso, sarar é uma felicidade, e que a infelicidade é a doença.

O vulgo comete portanto um grande erro considerando o desespero uma exceção, quando ele é, pelo contrário, a regra. E bem longe de, como supõe, não serem desesperados todos aqueles que não se sentem ou que não creem, e de só o serem aqueles que o confessam, muito ao contrário, o homem que sem imitação afirma o seu desespero não está tão longe da cura, está mesmo mais próximo do que todos aqueles que não são considerados e não se julgam desesperados. Mas a regra é, precisamente — e aqui o psicólogo concedermo-á sem dúvida — que a maior parte das pessoas vivem sem grande consciência do seu destino espiritual... e daí toda essa falsa despreocupação, essa falsa satisfação em viver etc., que é o próprio desespero. Mas daqueles que se dizem desesperados, em regra geral, uns, é porque tinham em si suficiente profundidade para tomar consciência do seu destino espiritual, os outros, porque dolorosos sucessos ou violentas decisões os levaram a aperceber-se dela; exceto estes, poucos mais haverá — porque bem poucos serão aqueles que verdadeiramente não sejam desesperados.

Oh! sei bem tudo o que se diz da angústia humana... e presto atenção, também eu conheci, e de perto, mais de um caso; o que não se conta de existências malbaratadas! Mas só se desperdiça aquela que as alegrias e as tristezas da vida iludem a tal ponto que jamais atinge, como um ganho decisivo para a eternidade, a consciência de ser um espírito, um eu, por outras palavras, que

O desespero humano

jamais consegue constatar ou sentir profundamente a existência de um Deus, nem tão pouco que ela própria, "ela", o seu eu, existe para esse Deus; mas esta consciência, esta conquista da eternidade, só se consegue para lá do desespero. E esta outra miséria! Tantas existências frustradas de um pensamento que é a beatitude das beatitudes! Dizer — ai de nós! — que nos entretemos e que se entretém as multidões com tudo, exceto com aquilo que importa! Que as arrastam a desperdiçar a sua vida no palco da vida sem nunca lhes recordar essa beatitude! Que as conduzem em rebanhos... enganando-as em vez de as dispersar, de isolar cada indivíduo, a fim de que sozinho se consagre a atingir o fim supremo; o único que vale que se viva e que tem com que alimentar toda uma vida eterna. Perante essa miséria eu bem poderia chorar uma eternidade inteira! Mas mais um horrível sinal desta doença — a pior de todas — é o seu segredo. Não só o desejo e os esforços bem-sucedidos para escondê-la daquele que a sofre, não só que ela o possa habitar sem que ninguém, ninguém a descubra, não! Mas ainda que ela de tal modo se possa dissimular no homem que nem ele se dê conta! E, esvaziada a ampulheta, a ampulheta terrestre, reduzidos a silêncio todos os ruídos do século, acabada a nossa agitação febril e estéril, quando em redor tudo for silêncio, como na eternidade — homem ou mulher, rico ou pobre, subalterno ou senhor, feliz ou mal-aventurado, quer a tua cabeça tenha suportado o brilho da coroa ou que, perdido entre os humildes, não tenhas tido mais do que as penas e os suores dos dias, quer a tua glória seja celebrada enquanto durar o mundo ou esquecido, sem nome, anonimamente sigas a multidão inumerável; quer o esplendor que te rodeou tenha ultrapassado qualquer descrição humana, ou os homens te tenham aplicado a mais dura, a mais aviltante das condenações, quem quer tenhas sido, a ti como a cada um dos milhões dos teus semelhantes, a eternidade de uma só coisa inquirirá: se a tua vida foi ou não de desespero, e se, desesperado, tu ignoravas sê-lo, ou soterravas em ti esse desespero, como um segredo angustioso, como o fruto de um amor criminoso, ou ainda se, horrorizando os demais, desesperado, gritavas enfurecido. E, se a tua vida não foi senão desespero, que pode então importar o resto! Vitórias ou derrotas, para ti tudo está perdido, a eternidade não te reconhece como seu, ela não te conheceu, ou, pior ainda, identificando-te, amarra-te ao teu eu, o teu eu de desespero!

Livro III
Personificações do desespero

Pode-se distinguir abstratamente as diversas personificações do desespero perscrutando os diversos fatores desta síntese que é o eu. O eu é formado de finito e de infinito. Mas a sua síntese é uma relação que, apesar de derivada, se relaciona consigo própria, o que é a liberdade. O eu é liberdade. Mas a liberdade é a dialética das duas categorias do possível e do necessário.

Não é menos necessário por via disso considerar o desespero, principalmente sob a categoria da consciência: segundo ele é consciente ou não, difere de natureza. Quanto ao conceito, é-o com certeza sempre; daí não se conclui porém que o indivíduo habitado pelo desespero e que, portanto, devemos designar, a princípio, como desesperado, tenha consciência de o ser. Deste modo a consciência, a consciência interior, é o fator decisivo. Decisivo sempre que se trata do eu. Ela dá a sua medida. Quanto mais consciência houver, tanto mais eu haverá; pois que, quanto mais ela cresce, mais cresce a vontade, e haverá tanto mais eu quanto maior for a vontade. Em um homem sem vontade, o eu é inexistente; mas quanto maior for a vontade, maior será nele a consciência de si próprio.

Søren Kierkegaard

Capítulo I
Do desespero considerado não sob o ângulo da consciência, mas apenas quanto aos fatores da síntese do eu

A) *O desespero visto sob a dupla categoria do finito e do infinito*

O eu é a síntese consciente de infinito e de finito em relação com ela própria, o que não se pode fazer senão contatando com Deus. Mas tornar-se si próprio, é tornar-se concreto, coisa irrealizável no finito ou no infinito, visto que o concreto em questão é uma síntese. A evolução consiste pois em afastar-se indefinidamente de si próprio, em uma "infinitização". Pelo contrário, o eu que não se torna ele próprio permanece, saiba-o ou não, desesperado. Contudo, o eu está em evolução a cada instante da sua existência, visto que o eu κατα δυναμιν (em potência) não tem existência real, e não é senão o que será. Enquanto não consegue tornar-se ele próprio, o eu não é ele próprio; mas não ser ele próprio é o desespero.

α) *O desespero da infinidade ou a carência de finito*

Isto deriva da dialética da síntese do eu, na qual um dos fatores não cessa de ser o seu próprio contrário. Não se pode dar definição direta (não dialética) de nenhuma forma de desespero, é sempre necessário que uma forma reflita o seu contrário. Pode--se descrever sem dialética o estado do desesperado no desespero, tal como fazem os poetas, deixando que ele próprio fale. Mas o desespero só se define pelo seu contrário; e para que tenha valor artístico a expressão deve ter então no colorido como que

O *desespero humano*

um reflexo dialético do contrário. Portanto, em toda a vida humana que se julga já infinita, e o quer ser, cada instante é desespero. Porque o eu é uma síntese de finito que delimita e de infinito que ilimita. O desespero que se perde no infinito é portanto imaginário, informe; porque o eu não tem saúde e não está livre de desespero, senão quando, tendo desesperado, transparente a si próprio, mergulha até Deus.

É certo que o imaginário depende em primeiro lugar da imaginação; mas esta toca a seu turno no sentimento, no conhecimento, na vontade, de modo que é possível ter-se um sentimento, um conhecimento, um querer imaginários. A imaginação é geralmente o agente da infinitização, não é uma faculdade como as outras... mas, por assim dizer, é o seu *proteu*.

O que há de sentimento, conhecimento e vontade no homem depende em última análise do poder da sua imaginação, isto é, da maneira segundo a qual todas as faculdades se refletem: projetando-se na imaginação. Ela é a reflexão que cria o infinito, por isso, o velho Fichte tinha razão quando via nela, mesmo para o conhecimento, a origem das categorias. Assim como o eu, também a imaginação é reflexão; reproduz o eu e, reproduzindo-o, cria o possível do eu; e a sua intensidade é o possível de intensidade do eu.

É o imaginário em geral que transporta o homem ao infinito, mas afastando-o apenas de si próprio e desviando-o assim de regressar a si próprio.

Uma vez que o sentimento se torna imaginário, o eu evapora-se mais e mais, até não ser ao fim senão uma espécie de sensibilidade impessoal, desumana, doravante sem vínculo em um indivíduo, mas partilhando não sei que existência abstrata, a da ideia de humanidade, por exemplo. Tal como o reumatizante que, dominado pelas suas sensações, de tal modo cai sob o império das ventos e do clima, que o seu corpo instintivamente ressente a menor transformação atmosférica etc., assim o homem, com o sentimento absorvido pelo imaginário, cada vez se inclina mais para o infinito, mas sem que se torne cada vez mais ele próprio, pois não deixa de se afastar do seu eu.

Igual aventura se passa com o conhecimento que se torna imaginário. Nesse caso, a lei de progresso do eu — se também é preciso verdadeiramente que o eu se torne ele próprio —, é que o conhecimento vá de par com a consciência, e que, quanto mais ele conheça, tanto mais o eu se conheça. Do contrário, o conhecimento, à medida que progride, transforma-se em um conhecer monstruoso, o qual o homem, para edificá-lo, desperdiça o seu eu, um pouco como o desperdício de vidas humanas para construir as pirâmides ou de vozes nos coros russos só para produzir uma nota, uma única.

Igual aventura ainda com a vontade, quando ela cai no imaginário: o eu cada vez se evapora mais. Porque enquanto ela não deixa de ser tão concreta como abstrata — tal não é o caso presente — quanto mais os seus fins e resoluções têm o infinito como fim, tanto melhor ela permanece simultaneamente disponível, quer para ela própria, quer para a menor tarefa imediatamente realizável; e é então que, infinitizando-se, ela regressa mais — no sentido estrito — a ela própria, é quando está *mais longe* de si própria (o mais infinitizada nos seus fins e resoluções) que *mais próximo* está no mesmo instante de realizar essa infinitesimal parcela da sua tarefa, realizável hoje mesmo ainda, nesta hora, neste instante.

E quando uma das suas atividades, querer, conhecer ou sentir, se perdeu assim no imaginário, todo o eu corre igualmente o risco de nele se perder, e, abandone-se voluntariamente ou se deixe levar: nos dois casos, permanece responsável. Leva então uma existência imaginária, infinitizando-se ou isolando-se no abstrato, sempre privado do seu eu, do qual consegue afastar-se cada vez mais. Vejamos o que se passa então no domínio religioso. A orientação para Deus dota o eu de infinito, mas esta infinitização, neste caso, quando o eu for devorado pelo imaginário, apenas conduz o homem a uma embriaguez no vácuo. Poder-se-á achar, deste modo, insuportável a ideia de existir para Deus, não podendo o homem regressar ao seu eu, tornar-se ele próprio. Um tal crente, sendo assim presa do imaginário, diria (para personificá-lo pelas suas próprias palavras): "Compreende-se que uma andorinha possa viver, pois não sabe que vive para Deus. Mas sermos nós próprios a sabê-lo! E não soçobrarmos imediatamente na loucura e no nada!"

Mas para alguém que seja assim presa do imaginário, um desesperado portanto, a vida pode muito bem seguir o seu curso, e, semelhante à de toda a gente, estar plena de temporalidade, amor, família, honras e considerações;... talvez ninguém se aperceba de que em um sentido mais profundo este indivíduo carece de eu. O eu não é destas coisas a que o mundo dê muita importância, é com efeito aquela que menos curiosidade desperta e que é mais arriscado mostrar que se tem. O maior dos perigos, a perda desse eu, pode passar tão desapercebido dos homens como se nada tivesse acontecido. Nada há que faça tão pouco ruído, e seja ela qual for, braço ou perna, fortuna, mulher etc., nenhuma perda pode passar desapercebida.

β) O desespero no finito, ou a carência de infinito

Este desespero, segundo o que ficou demonstrado em α), provém da dialética do eu, por causa da sua síntese, um de cujos termos não cessa de ser o seu próprio contrário. Carecer de infinito comprime e limita desesperadamente. Não se trata aqui, naturalmente, senão de estreiteza e de indigência morais. O mundo, pelo contrário, só fala de indigência intelectual ou estética ou de coisas indiferentes, que são as que mais o ocupam; porque a sua tendência é, com efeito, para dar um valor infinito às coisas indiferentes. A reflexão de quase toda a gente prende-se sempre às nossas pequenas diferenças, sem que, naturalmente, se dê conta da nossa única necessidade (porque a espiritualidade está em dar-se conta dela). Por isso nada percebem dessa indigência, dessa estreiteza, que é a perda do eu, perdido não porque se evapore no infinito, mas porque se fecha no finito, e porque em vez de um eu se torna um número, mais um ser humano, mais uma repetição de um eterno zero.

Quando se desespera, a estreiteza é uma falta de primitividade, é porque nos despojamos dela, porque, espiritualmente, nos castramos. A nossa estrutura originária está com efeito sempre disposta como um eu que deve tornar-se ele próprio; e como tal, é certo que um eu tem sempre ângulos, mas daí apenas se conclui que é preciso dar-lhes resistência, e não limá--los; e de modo algum significa que, por receio de outrem, o eu deva renunciar a ser ele próprio ou não ousar sê-lo em toda a sua originalidade (mesmo com os seus ângulos), essa originalidade na qual somos plenamente nós para nós próprios. Mas ao lado do desespero que às cegas se embrenha no infinito até à perda do eu, existe um de outra espécie, que se deixa como que frustrar do seu eu por "outrem". A contemplar as multidões à sua volta, a encher-se com ocupações humanas, a tentar compreender os rumos do mundo, este desesperado esquece-se a si próprio, esquece o seu nome divino, não ousa crer em si próprio e acha demasiado ousado sê-lo e muito mais simples e

O desespero humano

seguro assemelhar-se aos outros, ser uma imitação servil, um número, confundido no rebanho.

Esta forma de desespero passa perfeitamente despercebida. Perdendo assim o eu, um desesperado desta espécie adquire uma aptidão sem fim para ser bem-visto em toda a parte, para se elevar na sociedade. Aqui, nenhuma dificuldade, aqui o eu e a sua infinitização deixaram de ser um entrave; polido como um seixo, o nosso homem gira de um lado para o outro como moeda corrente. Bem longe de o tomarem por um desesperado, é precisamente um homem como a sociedade os quer. Em geral, a sociedade ignora, e isso se explica, quando há um motivo para recear. E esse desespero, que facilita a vida em vez de a entravar, não é, naturalmente, tomado como desespero. Tal é a opinião da sociedade, como se pode ver pela maioria dos provérbios, que nada são mais do que regras de prudência. Assim, o ditado que diz "a palavra é de prata, o silêncio é de ouro"; por quê? Porque as nossas palavras, como fato material, podem trazer-nos dissabores, o que é uma coisa real. Como se calar-se fosse uma coisa de nada! Quando é o maior dos perigos! O homem que se cala fica com efeito reduzido ao diálogo consigo próprio, e a realidade não o vem socorrer castigando-o, fazendo recair sobre ele as consequências das suas palavras. Nesse sentido não, nada custa calar-se. Mas aquele que sabe onde há que temer, receia precisamente mais que tudo qualquer má ação, qualquer crime de uma orientação interior que não deixe vestígios exteriores. Aos olhos do mundo, o perigo está em arriscar, pela simples razão de se poder perder. Evitar os riscos, eis a sabedoria. Contudo, não arriscando, que espantosa facilidade de perder aquilo que, arriscando, só dificilmente se perderia, por muito que se perdesse, mas de toda a maneira nunca assim, tão facilmente, como se nada fora: a perder o quê? A si próprio. Porque se arrisco e me engano, seja! A vida castiga-me para me socorrer. Mas se nada arriscar, quem me ajudará? Tanto mais que nada arriscando no sentido mais lato (o que significa tomar consciência do eu) ganho ainda por cima todos os bens deste mundo – e perco o meu eu.

Assim é o desespero finito. Um homem pode, com ele, levar perfeitamente uma vida temporal, humana em aparência, tendo os louvores dos outros, as honras, a estima e todos os bens terrestres. Porque o século, como é costume dizer-se, não se compõe afinal senão de pessoas desta espécie, isto é, devotadas às coisas do mundo, sabendo usar os seus talentos, acumulando dinheiro, hábeis em prever etc., o seu nome talvez passe à história, mas terão sido na verdade eles próprios? Não, porque espiritualmente não tiveram eu, um eu pelo qual tudo arriscassem, porque estão absolutamente sem eu perante Deus... por muito egoístas que de resto sejam.

B) O desespero visto sob a dupla categoria do possível e da necessidade

O possível e a necessidade são igualmente essenciais para que o eu se transforme (com efeito, o eu só pode transformar-se sendo livre). Como de infinito e de finito, απειρον-περαζ, o eu tem uma igual precisão de possível e de necessidade. Tanto desespera por falta de possível como por falta de necessidade.

α) O desespero do possível ou a carência de necessidade

Este fato, segundo vimos, depende da dialética. Em face do infinito a finidade limita; igualmente a necessidade exerce, no

O desespero humano

campo do possível, a função de reter. O eu, inicialmente, como síntese de finito e de infinito é dado, existe κατα δοναμιν; em seguida, para se transformar, projeta-se sobre a tela da imaginação e é assim que se lhe revela o infinito do possível. O eu χατα δοναμιν contém tanto de possível como de necessidade, porque é ele próprio, mas deve realizá-lo. O eu é necessidade, porque é ele próprio, e possível, porque deve realizar-se.

Se o possível repele a necessidade e o eu se precipita e perde no possível, sem elo que o prenda à necessidade, temos o desespero do possível. Esse eu torna-se então uma abstração no possível, esgota-se debatendo-se nele, sem contudo mudar de lugar, pois o seu lugar é a necessidade: tornar-se ele próprio é com efeito um movimento sem deslocação. Tornar-se é partir, mas tornar-se si próprio é um movimento sem deslocação.

O campo do possível não para então de crescer aos olhos do eu, e este encontra sempre mais possível, visto que nenhuma realidade se forma. Por fim o possível tudo abarca, mas é porque então o eu foi tragado pelo abismo. Algum tempo seria necessário para que a mais pequena parcela de possível se realizasse. Mas esse tempo de tal modo se abrevia que tudo por fim se dissolve em poeira de instantes. Os possíveis tornam-se cada vez mais intensos, mas sem que deixem de ser possíveis, sem que se tornem reais, e no real não há de fato intensidade se não houver passagem do possível ao real. Mal o instante revela um possível que logo outro surge, e estas fantasmagorias acabam por desfilar com tal rapidez que tudo nos parece possível, e atingimos então esse instante extremo do eu, no qual este não é mais do que uma miragem.

Do que ele carece agora, é de real, como também o exprime a linguagem vulgar, quando de alguém se diz que saiu da realidade. Mas a olhar as coisas mais de perto, vemos que é de necessidade que carece. Porque, a despeito dos filósofos, a realidade não se une ao possível na necessidade, mas é esta última que na realidade se une ao possível. Não é também por falta de força, pelo menos no sentido corrente, que o eu se extravia no possível. O que lhe falta, no fundo, é a força de obedecer, de se submeter à necessidade inclusa no nosso eu, do que se pode chamar as nossas fronteiras interiores. A infelicidade de um eu desta espécie não está em nada ter feito neste mundo, mas em não ter tomado consciência de si próprio, em não se ter apercebido de que este eu é o seu, é um determinado preciso e, portanto, uma necessidade. Em vez disso, o homem perdeu-se deixando que o seu eu se reflita imaginariamente no possível. Ninguém pode ver-se *a si próprio* em um espelho, sem se conhecer previamente, caso contrário não é ver-se, mas apenas ver alguém. Mas o possível é um extraordinário espelho, que só pode ser usado com a maior prudência. É na verdade um espelho ao qual podemos chamar mentiroso. Um eu que se olha no seu próprio possível só é semiverdadeiro, porque, nesse possível, está muito longe de ser ele próprio, ou só o é parcialmente. Ainda não se pode saber o que de futuro decidirá a sua necessidade. O possível lembra a criança que recebe um convite agradável e diz logo sim; resta saber se os pais darão licença... e os pais desempenham o papel da necessidade.

O possível contém de fato todos os possíveis e, portanto, todos os desvarios, mas principalmente dois: um, em forma de desejo, de nostalgia, e o outro de melancolia imaginativa (esperança, receio ou angústia). Como aquele cavaleiro, tão falado nas lendas, que subitamente vê uma ave rara e teima em persegui-la, julgando-se a princípio prestes a atingi-la... mas a

O desespero humano

ave de novo se distancia até ao cair da noite, e o cavaleiro, longe dos seus, perdido na solidão já não sabe o caminho: assim é o possível do desejo. Em vez de reportar o possível à necessidade, o desejo persegue-o até perder o caminho de regresso a si próprio. Na melancolia, sucede o contrário de maneira idêntica. O homem possuído por um amor melancólico empenha-se em perseguir um possível da sua angústia, que acaba por afastá-lo de si próprio e o faz morrer nessa angústia ou nessa mesma extremidade, na qual ele tanto receava perecer.

β) O desespero na necessidade, ou a carência de possível

Suponhamos que transviar-se no possível se compara ao balbuciar infantil, carecer de possível, será, assim, como ser mudo. A necessidade parece ser apenas de consoantes, mas o possível é necessário para pronunciá-las. Se ele falta, se o acaso faz com que uma existência dele careça, essa existência será desesperada, e sê-lo-á a cada instante em que a carência se manifeste.

Há, como é costume dizer-se, uma idade para a esperança, ou então, em certa época, em certo momento da vida estamos ou estivemos, diz-se, transbordantes de esperança ou de possível. Mas isso é palavreado que não contém verdade alguma: porque todo o esperar ou desesperar desta espécie não é ainda verdadeira esperança, nem verdadeiro desespero.

O critério, ei-lo: a Deus tudo é possível. Verdade de sempre, e portanto de qualquer instante. É um estribilho cotidiano, e que todos usam sem pensar no que significa, mas a expressão só é decisiva para o homem que esgotou todas as possibilidades, e quando nenhum outro possível humano subsiste. O essencial para ele é então saber se quer crer que a Deus tudo seja possível, se ele tem a vontade de *acreditar* nisso. Mas não será a fórmula mais própria para perder a razão? Perdê-la para ganhar Deus, é o próprio ato de crer. Suponhamos alguém nessas condições: todas as forças de uma imaginação apavorada lhe mostram não sei que intolerável horror; e é esse, esse que o ameaça! Aos olhos dos homens a sua perda é caso decidido... e, desesperadamente, o desespero da sua alma luta pelo direito de desesperar, pelo, se ouso dizer assim, vagar de desesperar, para o contentamento de todo o seu ser em instalar-se no desespero; a ponto de fazer recair a sua maior maldição sobre aquele que lho quisesse impedir, segundo as palavras do poeta dos poetas, em Ricardo II:

> *Beshrew thee, cousin, which didst lead me forth*
> *Of that sweet way I was in to despair!*
>
> (Ato III, cena II)

A salvação é portanto o supremo impossível humano, mas a Deus tudo é possível! Esse é o combate da fé, a qual luta como louca pelo possível. Sem ele, com efeito, não há salvação. Perante um desmaio, grita-se: Água! Água de Colônia! Gotas de Hofmann! Mas perante alguém que desespera, grita-se: possível, possível! Só o possível o pode salvar! Uma possibilidade: e o nosso desesperado recomeça a respirar, revive, porque sem possível, por assim dizer não se respira. Por vezes, basta para arranjá-lo o engenho humano, mas, ao cabo, quando se trata de crer, um único remédio existe: a Deus tudo é possível.

Este é o combate. A solução depende apenas de uma coisa: o combatente quer obter o possível: quer ele crer? Entretanto, falando só humanamente, ele bem sabe que a sua perda é arqui--certa. E é esse o movimento dialético da fé. Ordinariamente, o homem limita-se à esperança, ao provável etc., contando que isto ou aquilo não lhe virá a acontecer. Que em seguida venha o acontecimento, e ele morre. O temerário aventura-se a um perigo, cujo risco também depende de diversos fatores; sobrevenha esse risco, ele desespera e sucumbe. O *crente* vê e apercebe-se da sua perda (no que sofreu ou no que ousou) como homem, mas crê. É o que o livra de perecer. Deixa a Deus o modo de socorro, e contenta-se em crer que a Deus tudo é possível. *Crer* na sua perda é-lhe impossível. Compreender que humanamente isso é a sua perda e acreditar ao mesmo tempo no possível, é crer.

É então que Deus vem em socorro do crente, livrando-o do horror, talvez pelo próprio horror, no qual, inesperadamente, miraculoso, divino, se manifesta o socorro. Miraculoso, pois como crer que uma única vez, há dezoito séculos, um homem tenha sido miraculosamente socorrido! A ajuda do milagre depende antes de mais de se ter tido a apaixonada compreensão da impossibilidade do socorro, e depois da lealdade para com esse poder que nos salvou. Mas, em regra, os homens não possuem nem um nem outro; proclamam a impossibilidade do auxílio, sem mesmo se terem esforçado inteligentemente para o descobrir, e mentem depois como ingratos.

No possível, tem o crente o eterno e seguro antídoto do desespero; porque Deus *pode* a todo o instante. É essa a saúde da fé, que resolve as contradições. E uma destas é aqui a certeza humana da perda simultaneamente com a existência do possível. A saúde não será, em suma, o poder de resolver a contradição? Assim no campo físico uma corrente de ar é uma contradição, um disparate de frio e calor sem dialética, que um corpo saudável resolve sem dar por isso. Com a fé sucede o mesmo.

Carecer do impossível significa que tudo se tornou para nós necessidade ou banalidade.

O determinista, o fatalista são desesperados que perderam o seu eu, porque para eles só há necessidade. Sucede-lhes o mesmo que àquele rei esfomeado, porque todos os alimentos se transformavam em ouro. A personalidade é uma síntese de possível e de necessidade. A sua duração depende pois, como a respiração (*re-spiratio*), de uma alternativa de inspiração e expiração. O eu do determinista não respira, visto que a necessidade pura é irrespirável e asfixia inteiramente o eu. O desespero do fatalista consiste em ter perdido o eu ao perder Deus; carecer de Deus é carecer de eu. O fatalista vive sem Deus, ou, melhor, o seu é a necessidade; pois que tudo sendo possível a Deus, Deus é a possibilidade pura, a ausência de necessidade. Consequentemente, o culto do fatalista é, quando muito, uma interjeição, e, na sua essência, mutismo, muda submissão, impossibilidade de orar. Orar é ainda respirar, e o possível está para o eu assim como para os pulmões o oxigênio. Como não se respiram o oxigênio ou o azoto isolados, tampouco a prece se alimenta isoladamente de possível ou de necessidade. Para orar é necessário um Deus, um eu — e possível, ou um eu e possível no seu sentido sublime, porque Deus é o absoluto possível, ou, por outras palavras, a possibilidade pura é Deus; e só aquele que um tal abalo fez nascer para a vida espiritual, compreendendo que tudo é possível, só esse tomou contado com Deus. É porque a vontade de Deus é o possível que podemos orar; não o poderíamos, se ele fosse apenas necessidade, e, por natureza, o homem não teria mais linguagem do que o animal.

As coisas passam-se de modo um pouco diferente com os filisteus, com a sua banalidade: também ela carece principalmente de possível. Se, no determinismo e no fatalismo, o espírito desespera, aqui está ausente; mas a carência de espírito

O desespero humano

é ainda desespero. Vazio de qualquer orientação espiritual, o filisteu permanece no domínio do provável, no qual o possível encontra sempre um refúgio; deste modo não resta ao filisteu probabilidade alguma de descobrir Deus. Sem imaginação como sempre, ele vive, ao correr dos acontecimentos, nos limites do provável, no curso habitual das coisas, em uma certa soma banal de experiência, e que importa que seja negociante de vinhos ou primeiro-ministro. Assim o filisteu não tem mais, nem Deus. Porque, para descobrir um e outro, é preciso que a imaginação nos mantenha acima dos valores do provável, e, tornando possível o que ultrapassa a medida da experiência, nos ensine a esperar e temer ou a temer e esperar. Mas, imaginação, o filisteu não a tem nem a quer, detesta-a. Neste caso, pois, não há remédio possível. E se por vezes, à força de horrores, a existência o ajuda, ultrapassando a sua banal sabedoria de papagaio, ele desespera, isto é, vê-se bem que o seu caso era desespero, e que lhe falta o possível da fé para que possa, com a ajuda de Deus, salvar um eu da sua perda inevitável.

Fatalistas e deterministas têm pois imaginação suficiente para desesperar do possível e suficiente possível para sentirem a sua insuficiência; quanto ao filisteu, a banalidade tranquiliza-o, o seu desespero é o mesmo, quer as coisas corram bem ou mal. Fatalistas e deterministas carecem de possível para suavizar e acalmar, para temperar a necessidade; e desse possível, que lhes serviria de atenuante, carece o filisteu como reagente contra a ausência de espírito. A sua sabedoria, com efeito, gaba-se de dispor do possível e de ter retido a sua imensa elasticidade na armadilha do provável; ela assim supõe, e o nosso filisteu passeia-o na gaiola do provável, exibe-o e julga-se seu dono, sem pensar que desse modo se engaiolou a si próprio, se tornou escravo da tolice e o último dos párias. E ao passo que aquele que se extravia no possível mantém a audácia do desespero, e que aquele que só crê na necessidade, se crispa desesperado e se desarticula no real, o filisteu triunfa no seu erro.

Capítulo II
O desespero visto sob a categoria da consciência

A consciência vai aumentando e os seus progressos medem a intensidade sempre crescente do desespero; quanto mais aumenta, mais intensa se torna. O fato, visível em toda a parte, é-o sobretudo nos dois extremos do desespero. O do diabo é o mais intenso de todos, do diabo, espírito puro, e, por essa razão, consciência e limpidez absolutas; sem nada de obscuro nele que possa servir de desculpa, de atenuante: por isso o seu desespero é o próprio cume do desafio. Eis o máximo. No mínimo, é um estado, uma espécie de inocência, sem nenhuma aparência de desespero. Assim, no mais elevado da inconsciência, o desespero está no seu menor grau, a tal ponto que quase nos perguntamos se ainda é lícito dar-lhe esse nome.

A) *O desespero que se ignora ou a ignorância desesperada por ter um eu, um eu eterno*

Este estado, que a justo título se designa como desespero, e que não deixa de o ser, exprime por isso mesmo, mas no bom sentido da palavra, o direito de chicana da Verdade. *Veritas est index sui et falsi.* Mas este direito de chicana é tido por menos que o seu valor, assim como, ordinariamente, os homens estão

O desespero humano

longe de considerar como supremo bem a relação com a verdade, a sua relação pessoal com a verdade, como estão longe de concordar com Sócrates em que a pior das infelicidades é estar em erro; neles, o mais das vezes, os sentidos se sobrepõem amplamente à intelectualidade. Quase sempre, quando alguém se julga feliz e se envaidece com sê-lo, ao passo que à luz da verdade é um infeliz, está a cem léguas de desejar que o tirem do seu erro. Pelo contrário, zanga-se. Considera seu pior inimigo aquele que nisso se esforça, e como um atentado – quase um crime – esse modo de proceder e, como costuma dizer-se, de destruir a sua felicidade. Por quê? Porque é presa da sensualidade e de uma alma plenamente corporal; porque a sua vida só conhece as categorias dos sentidos, o agradável e o desagradável, e manda passear o espírito, a verdade etc. É porque é demasiado sensual para ter a ousadia, a paciência de ser espírito. Apesar da sua vaidade e falsidade, os homens não têm ordinariamente mais do que uma leve ideia, ou, melhor, não fazem a mais leve ideia de serem espírito, de serem esse absoluto que ao homem é dado ser; mas vaidosos e enfatuados, é certo que o são... entre si. Imagine-se uma casa, cada um de cujos andares – porão, térreo, primeiro andar – tivesse uma espécie diferente de moradores, e compare-se a vida com esta casa: pois não se veria – tristeza ridícula! – que a maior parte da gente preferiria apesar de tudo o porão!

Todos nós somos uma síntese com uma finalidade espiritual, essa é a nossa estrutura; mas quem não prefere habitar o porão, as categorias do sensual? O homem não só prefere viver nelas, mas ama-as a tal ponto que se zanga quando lhe propõem o primeiro andar, o andar nobre, sempre vago e esperando-o – porque afinal toda a casa lhe pertence.

Sim, estar no erro é aquilo que, ao contrário de Sócrates, mais se teme. Fato que extraordinários exemplos ilustram em grande escala. Certo pensador eleva uma construção imensa, um sistema, um sistema universal que abraça toda a existência e história do mundo etc. — mas se alguém atentar na sua vida privada, pasmo descobre este enorme ridículo: que ele próprio não habita esse vasto palácio de elevadas abóbadas, mas um barracão lateral, uma pocilga, ou na melhor das hipóteses, o cubículo do porteiro! E zanga-se, se alguém ousa uma palavra para lhe fazer notar essa contradição. Pois que lhe importa viver no erro, logo que construa o seu sistema... com a ajuda desse erro.

Que importa pois que o desesperado ignore o seu estado, se nem por isso deixa de desesperar? Se esse desespero é desvario, a ignorância ainda o torna maior: é estar ao mesmo tempo desesperado e em erro. Tal ignorância está para o desespero como está para a angústia (ver o *Conceito de angústia*, por Vigilius Haufniensis),[1] a angústia do nada espiritual reconhece-se precisamente pela segurança vazia de espírito. Mas, no fundo, a angústia está presente, assim como o desespero, e quando se suspende o encantamento das ilusões dos sentidos, desde que a existência vacila, o desespero, que espiava, surge.

Ao lado do desesperado consciente, o desesperado que se ignora só está afastado da verdade e da salvação por mais um passo negativo. O próprio desespero é uma negação e a ignorância do desespero é outra. Mas o caminho da verdade passa por todas elas; aqui se verifica pois o que a lenda diz para desfazer os sortilégios: deve-se representar toda a peça

---

1 Um dos vários pseudônimos usados por Kierkegaard. (N. T.)

O desespero humano

de trás para diante, senão a feitiçaria não se quebra. Contudo, só em um sentido, em pura dialética, o desesperado que se ignora está realmente mais longe da verdade e da salvação do que o desesperado consciente, que se obstina em sê-lo; pois que, noutra acepção, em dialética moral, aquele que permanece conscientemente no desespero está mais longe da salvação, visto que o seu desespero é mais intenso. Mas a ignorância está de tal modo longe de o destruir ou de transformá-lo em não desespero, que, pelo contrário, ela pode ser a forma que mais riscos contém. Na ignorância, o desesperado está de certo modo garantido, mas para seu mal, contra a consciência, isto é, está, sem apelo, nas garras do desespero.

É nesta ignorância que o homem tem menor consciência de ser espírito. Mas, precisamente, esta inconsciência é o desespero, quer seja uma extinção de todo o espírito, uma simples vida vegetativa, quer seja uma vida múltipla, cuja base, contudo, continua a ser desespero. Aqui, como na tuberculose, é quando o desesperado está melhor e melhor se sente, quanto pode dar a impressão de uma saúde florescente, que o mal é mais agudo.

Esse desespero que se ignora, é a forma mais frequente do mundo. Sim! O mundo, como lhe chamam, ou, para ser mais exato, o mundo no sentido cristão: o paganismo, e na cristandade, o homem natural, o paganismo da antiguidade e do nosso tempo, constituem precisamente esta espécie de desespero, o desespero que se ignora. O pagão, é certo, assim como o homem natural, distingue, fala de ser desesperado e de não o ser, como se o desespero fosse apenas o acidente isolado de alguns. Distinção tão falaciosa como a que fazem entre o amor e o amor de si próprio, como se, neles, todo o amor não fosse na sua essência amor de si próprios. Distinção, contudo, da qual jamais puderam nem poderão sair, porque a ignorância da sua própria presença é o caráter específico do desespero.

Consequentemente, é fácil verificar que para decidir da sua presença, não fornece critério a definição estética de carência de espírito; nada mais normal de resto: visto que, se a estética não pode dizer ao certo em que consiste o espírito, como poderia responder a uma pergunta que não lhe diz respeito! Seria também uma monstruosa tolice negar tudo o que, para eterno entusiasmo dos poetas, de extraordinário criou o paganismo dos povos ou dos indivíduos, negar os feitos a que deu lugar, para os quais a admiração da estética nunca será excessiva. Não menor loucura seria negar a vida plena de prazer estético que o pagão e o homem natural puderam ou podem levar, utilizando-se de todos os recursos favoráveis à sua disposição, com o mais seguro gosto, fazendo até que a arte e a ciência sirvam para a elevação, o embelezamento, o enobrecimento do prazer. A definição estética da carência de espírito não fornece pois critério da presença ou ausência do desespero, é à definição ético-religiosa que temos de recorrer à distinção entre o espírito e o seu contrário, a ausência de espírito. Todo o homem que não se conhece como espírito ou cujo eu interior não tomou em Deus consciência de si próprio, toda a existência humana, que não mergulha desse modo limpidamente em Deus, mas se funda nebulosamente sobre qualquer abstração ou a ela se reduz (Estado, Nação etc.), ou que cega para consigo própria, não vê nas suas faculdades mais do que energias de origem pouco explícita, e aceita o seu eu como um enigma rebelde a qualquer introspecção — toda a existência deste gênero, realize o que realizar de extraordiná-

O desespero humano

rio, explique o que explicar, até o próprio universo, por muito interessante que, como esteta, goze a vida: mesmo assim, ela será desespero. Era esse o pensamento dos Padres da Igreja, que consideravam vícios brilhantes as virtudes pagãs; querendo dizer, com isso, que o fundo do pagão era desespero e, que o pagão não se conhecia como espírito perante Deus. Daí vinha também (para tomar como exemplo um fato estreitamente ligado a este estudo) essa estranha leviandade do pagão em julgar e até em louvar o suicídio. Pecado do espírito por excelência, evasão da vida, revolta contra Deus. Faltava aos pagãos a compreensão do eu tal como o define o espírito, daí a sua opinião sobre o *suicídio*; e eram contudo eles quem condenava com tão casta severidade o roubo, o impudor etc. Sem relação com Deus e sem eu, faltava-lhes um fundamento para julgar o suicídio, coisa indiferente sob o seu ponto de vista, não devendo cada um contas a ninguém da liberdade dos seus atos. Para repudiar o suicídio, o paganismo precisaria ter feito um largo desvio, mostrar que era violar o direito para com o próximo. O crime contra Deus que o suicídio é, eis um sentido que escapa inteiramente ao pagão. Não se pode dizer, portanto, seria fazer uma absurda reversão dos termos, que para o pagão o suicídio fosse desespero, mas temos o direito de afirmar que o era a própria indiferença a esse respeito.

Resta contudo uma diferença, diferença de qualidade, entre o paganismo de outrora e os nossos pagãos modernos, aquela que, a propósito da angústia, observou Vigilius Haufniensis; se o paganismo não conhece o espírito, está contudo orientado para ele, ao passo que os nossos pagãos modernos carecem dele por afastamento ou traição, e isso é que é o verdadeiro nada do espírito.

Søren Kierkegaard

B) Do desespero consciente da sua existência; consciente portanto de um eu de certa eternidade; e das duas formas desse desespero, uma na qual se deseja, outra na qual não se deseja ser si próprio

Neste ponto, uma distinção se impõe: sabe, o desesperado consciente, com precisão, o que é o desespero? Segundo a ideia que dele faz, tem talvez razão em dizer-se desesperado, e talvez que, com efeito, desespere, mas provará isso que a sua ideia seja justa? Olhando a sua vida sob o ângulo do desespero, talvez se pudesse dizer a esse desesperado: No fundo, tu é-lo muito mais ainda do que supões, o teu desespero tem raízes ainda mais fundas. Assim, recordemo-nos, como para os pagãos; quando, em comparação com outros, um deles se considerava desesperado, o seu erro não estava, é claro, em dizer que o era, mas em crer sê-lo com exclusão dos outros: faltava-lhe representar-se verdadeiramente o desespero.

O desesperado consciente não deve pois saber apenas o que é precisamente o desespero, mas ainda ter feito completa luz sobre si próprio, a não ser que lucidez e desespero se excluam. A plena luz sobre si próprio, a consciência de ser desesperado, poderá conciliar-se com o próprio desespero? Não deveria essa lucidez no conhecimento do nosso estado e do nosso eu arrancar-nos do desespero, dar-nos tamanho terror de nós próprios que estivéssemos a ponto de deixar de ser desesperados? Problema que não se decidirá neste momento, que nem sequer se abordará, pois o seu lugar é mais adiante. Mas, sem desenvolver aqui essa investigação dialética, limitemo-nos a notar a grande variabilidade da consciência, não só sobre a natureza do desespero; mas também sobre o seu próprio estado,

O desespero humano

quando se trata de saber se ele é desespero. A vida real é por demais matizada para que apenas se verifiquem contradições abstratas como a que há entre os dois extremos do desespero, a sua inconsciência total e a sua completa consciência. Habitualmente, o estado do desesperado, ainda que irisado por muitas tonalidades, esconde-se sob a sua própria penumbra. No seu íntimo, ele bem duvida do seu estado, sente-o até, como quando se pressente a doença latente, mas sem grande vontade de descobrir qual seja. Em certo instante, quase se apercebe do seu desespero; outro dia, já o seu mal-estar lhe parece ter outra origem, como se fosse qualquer coisa exterior, fora dele, e cuja substituição aboliria o seu desespero. Ou quem sabe se, por meio de distrações, ou pelo trabalho, por ocupações que sirvam de passatempo, ele não procura manter, sobre o seu estado, essa penumbra, mas mesmo assim, sem querer ver nitidamente que é com tal fim que se distrai, que age assim para não sair dessas meias trevas. Ou até, quando se esforça por embeber nesse ambiente a sua alma, talvez o faça conscientemente, com uma certa perspicácia, com cálculos hábeis e com uma destreza de psicólogo, mas sem lucidez profunda, sem se dar conta do que faz, nem do que entra de desespero na sua maneira de agir etc. Visto que, constantemente, na sombra e na ignorância, o conhecimento e a vontade prosseguem no seu concerto dialético, e, se pretendemos definir alguém, corremos sempre o risco de exagerar uma ou outra.

Mas, segundo atrás se viu, a intensidade de desespero aumenta com a consciência. Quanto mais — por possuir uma exata ideia do desespero — se desespera, tanto melhor se tem a clara consciência de o ser, tanto melhor se sente a sua intensidade.

Quando alguém se mata com a consciência de que se matar é um ato de desespero, e portanto com uma visão exata sobre o que seja o suicídio, é mais desesperado do que matando-se sem saber ao certo que isso significa desespero; pelo contrário, o matar-se tendo uma falsa ideia do suicídio, representa um desespero menos intenso. Por outro lado, quanto mais lucidamente nos conhecemos (consciência do eu) ao suicidar--nos, mais intenso é o nosso desespero, em comparação com o daquele que se suicide num estado de alma indeciso e obscuro.

Na exposição que se segue das duas formas do desespero consciente, não só se verá crescer o conhecimento do desespero, como também a consciência do seu estado por parte do desesperado, ou, o que vem a dar na mesma e é o fato decisivo: ver-se-á crescer a consciência do eu. Mas o contrário de desesperar é crer; aquilo que atrás foi exposto, como fórmula de um estado do qual o desespero foi eliminado, vem a ser afinal a fórmula da fé: descendo em si próprio, querendo ser si próprio, o eu mergulha através da sua própria transparência no poder que lhe deu existência (ver Livro I, cap. I).

α) *Do desespero, no qual não se quer ser si próprio,*
ou desespero-fraqueza

Esta designação de desespero-fraqueza implica já uma antecipação da segunda forma do desespero: aquele que nos leva a não querermos ser nós próprios. A oposição das duas formas torna-se, deste modo, relativa. Qualquer espécie de desespero contém um certo desafio; contém-no até a expressão "no qual não se quer". E, por outro lado, até no supremo desafio do desespero se encontra fraqueza. Vê-se assim toda a relatividade

O desespero humano

da sua diferença. Poder-se-ia dizer que uma das formas é feminina e a, a outra masculina.[2]

---

2 Um exame psicológico da realidade mostrará que o que a lógica constata, e que deve portanto dar-se necessariamente, com efeito, e constatar-se-á que a nossa classificação apreende toda a realidade do desespero; não se fala em desespero a propósito da criança, mas apenas de cóleras, porque sem dúvida nela a eternidade só existe em potência; longe de mim, contudo, o pensamento de que na mulher não se possam encontrar formas de desespero masculino, e inversamente formas de desespero feminino no homem; mas trata-se de exceções. Bem entendido que a forma ideal bem raro se encontra, e só idealmente é verdadeira esta distinção entre desespero masculino e desespero feminino. Não existe na mulher esse aprofundamento subjetivo do eu, nem uma intelectualidade absolutamente dominante, se bem que ela tem geralmente uma sensibilidade bem mais delicada do que o homem. Em compensação, o seu ser é dedicação, abandono, sem o que não será mulher. Coisa estranha, ninguém tem com ela a afetação da virtude, nem esse jeito quase de crueldade – e todavia o seu ser é dedicação, e (é isso que é admirável) todas estas reservas, no fundo, não exprimem senão isso. Foi com efeito por causa de todo esse abandono feminino do seu ser que a Natureza, com ternura, armou-a com um instinto cuja sutileza ultrapassa a mais lúcida reflexão masculina e a reduz a nada. A afeição de uma·mulher e, como dizem os gregos, esta dádiva dos deuses, esta magnificência, é um tesouro de demasiado preço para ser abandonado ao acaso; mas qual será a lúcida inteligência humana que tenha jamais lucidez suficiente para a confiar a quem de direito? Por isso a Natureza se encarregou dela: por instinto, a sua cegueira vê melhor do que a mais clarividente inteligência, por instinto ela vê para onde inclinar a sua admiração, a quem confiar o seu abandono. Sendo todo o seu ser dedicação, a Natureza assume a sua defesa. Daí vem ainda que a sua feminilidade só nasça por uma metamorfose: quando a infinita afetação de virtude se transfigure em feminino abandono. Mas esta dedicação fundamental no seu ser reaparece no desespero, dá-lhe o seu caráter. No abandono, ela perde o seu eu, e só assim consegue a felicidade, só assim recupera o eu, uma mulher feliz,

1º Desespero do temporal ou de uma coisa temporal. Encontramo-nos aqui ante o puro imediato, ou do imediato com uma reflexão apenas quantitativa. Não se encontra consciência infinita do eu, do que seja o desespero, nem da natureza desesperada do estado em que nos encontramos; neste caso, desesperar, é simplesmente sofrer; suporta-se passivamente uma opressão que vem de fora, e de modo nenhum o desespero vem de dentro como se fosse uma ação. É, em suma, por um abuso inocente de linguagem, um jogo de palavras, que na linguagem da espontaneidade se empregam palavras como: o eu, o desespero.

O homem do *espontâneo* (se é que a vida oferece de fato tipos de imediato a tal ponto desprovidos de reflexão) não é, para

---

que não se dedica, isto é, que não abandona o seu eu, seja a quem for, não possui a mínima feminilidade. Também o homem se dá, e não o fazer será nele um defeito; mas o seu eu não é abandono (fórmula do feminino, substância do seu eu), e certo que isso não lhe faz falta, como à mulher, para reaver o seu, pois que já o possui; o homem abandona-se, mas o seu eu permanece como uma sóbria consciência do abandono, ao passo que a mulher, com uma verdadeira feminilidade, se precipita e precipita o seu eu no objeto do seu abandono. Perdendo esse objeto perde o eu, e ei-lo naquela forma de desespero, em que não queremos ser nós próprios. O homem não se abandona desse modo; mas por isso a outra forma de desespero tem a característica masculina: nesta o desespero quer ser ele próprio. Isto para caracterizar a relação entre o desespero do homem e o da mulher. Recordemos contudo que não se trata aqui de abandono a Deus, nem da relação do crente com Deus, da qual só trataremos na segunda parte. Na relação com Deus, em que desaparece esta diferença entre o homem e a mulher, é indiferentemente verdade que o abandono seja o eu, e que se atinja o eu pelo abandono. Isto tanto vale para um como para o outro, ainda que muitas vezes, na vida, a mulher não tenha relação com Deus senão por intermédio do homem.

O *desespero humano*

defini-lo e ao seu eu sob o ponto de vista espiritual, senão uma coisa a mais, um detalhe na imensidade do temporal, senão uma parte integrante do mundo material (το ετερον) e esse homem não tem em si mais do que um arremedo de eternidade. Assim o eu, como parte integrante desse todo, por muito que espere, deseje, goze... será sempre passivo; mesmo desejando, esse eu não passa de um dativo, como quando a criança diz: eu; sem outra dialética que não seja a do agradável e do desagradável, nem outros conceitos além dos de felicidade, infelicidade, fatalidade.

Eis que, então, *sobrevém* (sobre-vir) a esse eu irrefletido qualquer coisa que o faz desesperar, coisa que só por essa via se pode dar, o eu não possuindo por si só nenhuma reflexão. É de fora que deve vir o seu desespero, o qual é apenas uma passividade. Aquilo que enchia a vida desse homem imediato ou, caso nele existisse uma sombra de reflexão, a parte que mais lhe importa dessa vida, eis que lha arrebata "um golpe do destino", e para usar a sua linguagem, ei-lo infeliz, isto é: tal golpe aniquila nele o imediato, ao qual não pode regressar: desespera. Ou então (mas isso na vida é muito raro, se bem que muito normal sob o ponto de vista do raciocínio) esse desespero do imediato resulta daquilo a que o homem irrefletido chama um excesso de felicidade; o imediato, como tal, é, com efeito, de uma grande fragilidade, e qualquer *quid nimis*, que ponha a reflexão em movimento, o leva ao desespero.

Portanto, desespera, ou, melhor, por uma estranha miragem e como que ludibriado a seu respeito, diz que desespera. Mas o desespero está em perder a eternidade — e dessa perda não diz ele uma palavra, nem em sonhos a suspeita. A perda do temporal, em si, não é desespero, e é contudo dela que ele fala, é a isso que ele chama desespero. Em certo sentido, as suas afirmações são verdadeiras, mas não como ele as entende; é também preciso interpretá-las ao contrário: ei-lo a mostrar aquilo que não é desespero e a dizer-se desesperado, e entretanto o desespero produz-se com efeito, por detrás dele, sem que ele se dê conta. É como se alguém, de costas para o edifício da câmara municipal, apontasse em frente dizendo: ali é a câmara municipal; ele tem razão: é com efeito em frente... se der meia volta. Ele não está com efeito desesperado, não! Se bem que não se engane dizendo-o. Considera-se como desesperado, julga-se morto, sombra de si próprio. E contudo não o está, digamos: ainda há vida nesse cadáver. Se de repente tudo mudasse, todo o mundo exterior, e o seu desejo se tornasse realidade, havíamos de o ver tomar alento e "curar a mordedura com o pelo do mesmo cão", e o nosso homem renasceria. Mas a espontaneidade não conhece outro medo de lutar, uma só coisa sabe: desesperar e ficar em êxtase... e contudo, se há uma coisa que ela ignora, é o que seja o desespero. Desespera e fica em delíquio, e depois, como morta, fica imóvel, habilidade semelhante à de "fazer de morto", porque ela assemelha-se àqueles animais inferiores cuja única arma de defesa é a imobilidade e a simulação da morte.

Entretanto o tempo vai correndo. Com algum auxílio exterior, o desesperado recobra vida, retoma o caminho no ponto em que ficara, tão privado de eu como antes, e continua vivendo na pura espontaneidade. Mas, sem ajuda exterior, muitas vezes a realidade toma outro aspecto. Um pouco de vida volta a esse cadáver, mas, como ele diz, "jamais tornará a ser ele próprio". Agora não percebe nada da existência, aprende a imitar os outros e a maneira de se arranjarem para viver... e ei-lo vivendo como eles. E, além disso, é um cristão na cristandade, que ao domingo vai ao templo, escuta e compreende o pastor, pois

O desespero humano

são compadres, e quando morre, o outro, por dez rixdales, o introduz na eternidade — mas quanto a ser um eu, nunca o foi, nem antes nem depois.

Esse é o desespero do imediato: não se querer ser si próprio, ou, mais abaixo ainda: não se querer ser um eu, ou, forma inferior a todas: desejar ser outrem, aspirar a um novo eu. No fundo, a espontaneidade não possui eu e, não se conhecendo, como poderia reconhecer-se? Por isso a sua aventura tantas vezes cai no burlesco. O homem do imediato, ao desesperar, nem sequer tem eu suficiente para ao menos desejar ou sonhar ter sido aquilo que não foi. Defende-se então doutra maneira, desejando ser outrem. Observe quem quiser se certificar dos homens do espontâneo: no momento do desespero, o primeiro desejo que lhes vêm, é terem sido ou tornarem-se outros. Em todo o caso, como não sorrir de um desesperado desta espécie, cujo desespero permanece, apesar de tudo, bem anódino aos olhos dos homens? Ordinariamente um homem assim é de uma comicidade sem limites. Imagine-se um eu (e nada é, depois de Deus, tão eterno como o eu) e que esse eu se ponha a pensar na maneira de se transformar em um outro... E esse desesperado, cujo único desejo é a mais extravagante de todas as metamorfoses, ei-lo apaixonado, sim, apaixonado pela ilusão segundo a qual essa transformação lhe seria tão fácil como mudar de casaco. Porque o homem do imediato não se conhece a si próprio, e, literalmente, só se conhece pelo fato, só reconhece um eu (ainda aqui se mostra o seu cômico infinito) na sua vida exterior. Não seria possível encontrar equívoco mais ridículo; visto que, precisamente, é infinita a diferença entre o eu e o exterior. Como toda a vida foi transformada pelo homem do imediato, e como caiu no desespero, dá mais um passo, e tem esta ideia que lhe sorri: se eu me tornasse outro? Se arranjasse um novo eu? Sim, se ele se tornasse outro? — mas poderia em seguida reconhecer-se? Conta-se que um aldeão, que viera descalço para a capital, aí ganhou um par de vinténs, e depois de comprar meias e sapatos, o que lhe sobrou ainda chegou para se embriagar. Diz a história que então, embriagado e querendo regressar à terra, caiu no meio da estrada e adormeceu. Aconteceu passar um carro e o cocheiro gritou-lhe que se desviasse para não ficar com as pernas esmagadas. Então o nosso bêbado acorda, olha as suas pernas, e, não as reconhecendo, exclama: "Podes passar por cima, que não são as minhas". Assim se comporta o homem do imediato que desespera: impossível é imaginá-lo senão em uma postura cômica, porque já é uma espécie de *tour de force* o falar, como ele faz na sua algaravia, de um eu e ao mesmo tempo de desespero.

Quando se supõe misturada ao imediato, uma certa reflexão sobre si próprio, o desespero modifica-se um pouco; o homem, algo consciente do seu eu, é-o também um pouco mais, e por isso mesmo, do que é o desespero e da natureza desesperada do seu próprio estado; que fale de estar desesperado, e já não será absurdo; mas no fundo é sempre desespero-fraqueza, um estado passivo; e a sua forma continua a ser aquela em que o desesperado não quer ser ele próprio.

O progresso, neste caso, no puro imediato, está em que o desespero já não provém sempre de um choque, de um acontecimento, mas pode se dever a essa reflexão sobre si próprio, e não é então uma simples submissão passiva a coisas exteriores, mas, em parte, um esforço pessoal, um ato. Manifesta-se aqui, efetivamente, um certo grau de reflexão interna, e portanto um regresso ao eu; e esse começo de reflexão inicia a ação de

O desespero humano

escolha pela qual o eu se apercebe da íntima diferença com o mundo exterior, começo que também inicia a influência dessa escola sobre o eu. Mas isso não o levará muito longe. Quando o eu, com a sua bagagem de reflexão, vai *assumir-se* inteiramente, arrisca-se a chocar com qualquer dificuldade na sua íntima estrutura, na sua necessidade. Pois que, tal como o corpo humano, também nenhum eu é perfeito. Essa dificuldade, seja qual for, fá-lo recuar aterrorizado. Ou então, mais do que a reflexão, um qualquer acontecimento vem mostrar-lhe uma mais profunda ruptura entre o eu e do imediato; ou é a sua imaginação descobrindo um possível que, ao dar-se, igualmente o separaria do imediato.

Então desespera. O seu desespero é o desespero-fraqueza, sofrimento passivo do eu, o oposto do desespero em que o eu se afirma; mas, graças à pequena bagagem de reflexão sobre si próprio, tenta, também aqui, diferindo do espontâneo puro, defender o eu. Compreende que perturbação causaria o abandoná-lo, e a sua meditação ajuda-o a compreender que se pode perder muito, sem contudo se chegar ao ponto de perder o eu; faz concessões e está em estado de as fazer, tendo sabido distinguir o eu de qualquer exterioridade, e pressentindo vagamente que nele deve existir uma parcela de eternidade. Mas em vão se debate: a dificuldade que se lhe depara exige a ruptura com todo o imediato, e para isso falta-lhe a suficiente reflexão ética; não tem a menor consciência de um eu que se adquire por uma infinita abstração que o liberta da exterioridade, de um eu abstrato e nu, oposto ao eu vestido do imediato, primeira forma do eu infinito e motor desse processo sem fim, no qual o eu assume infinitamente o seu eu real, com os seus ganhos e perdas.

Desespera portanto, e o seu desespero consiste em não querer ser ele próprio. Não que se lhe meta na cabeça o ridículo de querer ser um outro; não se divorcia do eu, e as relações que mantém com ele lembram neste caso os sentimentos que alguém tivesse para com o seu domicílio (o engraçado é que a ligação com o eu nunca é tão frouxa como a de um homem com o seu domicílio), se por causa do fumo ou por outro motivo se aborrecesse dele; esse homem sai então da casa, mas sem a abandonar, sem alugar outra, persistindo em considerá-la como sua, na esperança de que o inconveniente há de desaparecer. Do mesmo modo com o homem que desespera. Enquanto a dificuldade persiste, não ousa, segundo a expressão literal, regressar a si próprio, não quer ser ele próprio; mas é sem dúvida coisa passageira, talvez mude. Entretanto não faz, por assim dizer, senão raras visitas ao seu eu, para ver se não tem havido mudança. E logo que esta se dá, regressa; "torna a encontrar-se", como ele diz, o que para ele quer dizer que recomeçou onde tinha ficado; não tinha senão um vislumbre de eu, e nada mais adquiriu.

Mas se nada se modifica, procede de maneira diferente. Desvia-se completamente do caminho interior que deveria ter seguido para ser verdadeiramente um eu. Todo o problema do eu, do verdadeiro, se torna como que uma porta condenada no mais fundo da sua alma. Sem nada por detrás. Ele toma sobre si aquilo que, na sua algaravia, chama o seu eu, isto é, o que lhe coube de talentos, qualidades etc., tudo isso ele toma sobre si, mas inclinando-se para o exterior, para aquilo a que se chama a vida, a vida real, a vida ativa; não mantém senão prudentes relações com o pouco de reflexão que ainda conserva, receando que reapareça o que se escondia lá no fundo. Pouco a pouco consegue esquecê-lo; com o tempo chega a achá-lo quase ridículo, principalmente quando está em boa sociedade, entre homens de valor e de ação, desses que têm amor à realidade e estão em bons termos com ela. Encantador! Ei-lo como nos romances que acabam bem, casado há alguns anos já, homem ativo, empreendedor, pai de família, talvez mesmo grande homem. E na cristandade é um cristão (tal como seria pagão no paganismo e holandês na Holanda), que se conta no número dos cristãos bem-educados. O problema da imortalidade ocupou-o muitas vezes, e em várias ocasiões perguntou ao pastor se ela é uma realidade; ponto que o deve interessar particularmente, visto não ter eu.

Como descrever sem um grão de sátira esta forma de desespero! O cômico do seu está em que ele se lhe refere no passado; e o que é terrível depois de o ter, como ele supõe, superado, é o seu estado ser precisamente desespero. O cômico infinito, sob esta sabedoria prática, tão apreciada no mundo, sob este aranzel de bons conselhos e de atilados provérbios, todos os "ver-se-á", "tudo se arranjará" etc., está, em um sentido ideal, nessa completa estupidez, que ignora onde esteja o verdadeiro perigo, e em que possa consistir. Neste caso, o que é terrível é a estupidez ética.

O desespero do temporal ou de uma coisa temporal é o tipo mais vulgar de desespero, sobretudo na sua segunda forma, como imediato acrescido de um pouco de reflexão sobre si próprio. Quanto mais o desespero se impregna de reflexão menos é visível, ou menos fácil é de encontrar. Tão certo é que a maior parte dos homens não aprofunda muito o seu desespero, o que não prova que o não tenham. Bem raros são aqueles cuja vida tenha um destino espiritual! Quantos o procuram, e, entre estes últimos, quantos não desistem! Não tendo aprendido nem temor nem imperativo, tudo o mais lhes é indiferente, infinitamente indiferente. Por isso não toleram que se preocupar com a sua alma e querer ser espírito — uma contradição, a seu ver, que o espelho da sociedade em que vivem lhes devolve ainda mais flagrante — seja para o mundo um desperdício de tempo. Desperdício indesculpável que as leis deviam punir, ou castigar pelo menos o desprezo ou o sarcasmo; como traição à humanidade, como absurdo desafio enchendo o tempo de um louco nada. Uma hora há então na sua vida, e, ai, é a melhor, na qual todavia se dedicam a uma orientação interior. Mas logo aos primeiros obstáculos torcem o caminho, afigura-se-lhes que por ali vão dar a um deserto desolado... *und rings umher liegt schöne grüne Weide.*[3] Depressa esquecem esse tempo, que foi o melhor que tiveram, ai deles! Esquecem-no como se se tratasse de uma criancice. São, além disso, cristãos tranquilizados pelos pastores quanto à sua salvação. Como é sabido, esse desespero é o mais corrente, comum a ponto de explicar por si só essa ideia que corre mundo, de que o desespero é apanágio da juventude, exclusivamente, e que não devia encontrar-se no homem feito, chegando ao auge da vida. É um ponto de vista desesperado, que se equivoca, ou, melhor, erra, não vendo que a maior parte deles, a olhá-los com atenção, não chegam a ultrapassar durante toda a sua vida o estágio infantil e juvenil: a vida imediata, acrescida de uma leve dose de reflexão sobre si próprio. Não, na verdade, o desespero não é coisa que só se encontre entre os jovens e que nos abandone com a idade, "tal como a ilusão que com o crescer perdemos". Porque é o que não acontece, apesar

---

3 Verso de *Fausto* de Goethe: "e ao redor estende-se um belo e verde prado".

O desespero humano

da tolice de o acreditar. Quantos homens e mulheres, quantos velhos, nós vemos, pelo contrário, tão cheios de ilusões pueris, como se fossem adolescentes! Omitem-se, com efeito, as duas formas da ilusão, a da esperança e a da recordação. Os jovens têm a primeira, os velhos a segunda; mas é também por serem presa dela que estes últimos tem dela uma ideia exclusiva, segundo a qual a esperança é a sua única forma. Não é esta, naturalmente, que os atormenta, mas outra: de um ponto de vista presumido superior e desiludido, o seu desprezo pela ilusão dos jovens. A juventude vive na ilusão, esperando dela e da vida o extraordinário; pelo contrário, a ilusão, nos velhos, diz muitas vezes respeito à sua maneira de recordar a mocidade. Uma velha mergulha, tanto como uma rapariga, nas ilusões mais imaginárias, ao evocar a sua juventude, como era feliz, linda etc., ao passo que, pela sua idade, devia estar isenta disso. Esse *fuimus* tão frequente na boca dos velhos vale a ilusão dos novos referida ao futuro; em uns e em outros: mentira ou poesia.

Mas um erro bem diferentemente desesperado é o de crer o desespero apanágio exclusivo dos homens. E de um modo geral — além de que é não compreender a natureza do espírito e, mais ainda, que o homem não é apenas uma simples criatura animal... mas também um espírito — que loucura pensar que a fé e o bom-senso nos podem nascer tão naturalmente como os dentes, a barba e o resto. Não, onde quer que os homens cheguem fatalmente, e aconteça-lhes o que lhes acontecer, uma só coisa escapa à fatalidade: a fé e o bom-senso. Pois que nunca, se se trata do espírito, a simples fatalidade traz ao homem seja o que for, e, precisamente, não há pior inimigo do espírito do que ela; mas nada é mais fácil, com o correr dos anos, do que perder. Com esse correr, e sem maior esforço, vai-se esvaindo o pouco de paixão, de sentimento, de imaginação, o pouco de interioridade que tínhamos, e sem mais esforço (essas coisas sucedem sem mais esforço) alinham-nos à sombra da bandeira da banalidade, que julga compreender a vida. Esse melhoramento, devido sem dúvida ao correr dos anos, o homem olha-o agora, no seu desespero, como um bem, e convence-se sem dificuldade (e em certo sentido, mas satírico, nada mais certo) de que jamais terá a ideia de desesperar — não! Contra isto está garantido, pois está nesse desespero que é o nada espiritual. Sócrates teria na verdade amado a juventude, se não tivesse conhecido o homem?

E se nem sempre acontece que um homem soçobre, com o tempo, no mais banal desespero, significa isso que o desespero esteja reservado aos jovens? O homem que progride verdadeiramente com a idade, que amadurece a consciência profunda do seu eu, talvez possa atingir uma forma superior de desespero. E se ao longo da vida só fizer progressos medíocres, ainda que não soçobrando na pura e simples banalidade, se, por assim dizer, no homem, no pai e no velho sobrevive um jovem, se ele conservar sempre qualquer coisa das promessas da juventude, corre sempre o risco de desesperar, como um jovem, do temporal ou de uma coisa temporal.

A diferença, se alguma existe, entre o desespero de um homem idoso como ele e o de um jovem, é apenas secundária e puramente acidental. O jovem desespera do futuro como de um presente *in futuro*; há no futuro qualquer coisa que ele não quer suportar, com a qual não quer ser ele próprio. O homem de idade desespera do passado como de um presente *in praeterito*, mas que não se afunda como se fosse passado porque o seu desespero não vai até ao total esquecimento. Esse fato passado é talvez mesmo qualquer coisa cujo arrependimento o deveria impressionar. Mas, para que houvesse arrependimento, seria preciso desesperar primeiro, frutuosamente, desesperar até o fim, e a vida espiritual poderia então surgir das profundezas. Mas o nosso desesperado não permite que as coisas cheguem a uma tal decisão. E vai-se ficando, o tempo passa — a menos que consiga, mais desesperado ainda, à força de esquecer, cicatrizar o mal, tornando-se assim, em vez de penitente, no seu próprio receptador. Mas, idoso ou jovem, no fundo é o mesmo o desespero, não se chega a uma metamorfose do que há de eternidade no eu, consciencialização que tornaria possível a luta ulterior, que intensificaria o desespero até uma forma mais elevada, ou então conduziria à fé.

Não haverá então diferença essencial entre esses dois termos, de emprego até aqui idêntico: o desespero do temporal (indicando a totalidade) e o desespero de uma coisa temporal (indicando um fato isolado)? Mas sem dúvida. Desde que o eu com uma paixão infinita na imaginação desespera de uma coisa temporal, a paixão infinita eleva esse detalhe, essa coisa qualquer, até recobrir o temporal *in toto*, isto é, a ideia de totalidade está no desesperado e depende dele. O temporal (como tal) é precisamente o que se desmorona neste fato particular. É impossível, na realidade, perder todo o temporal ou dele ser privado, visto que a totalidade é um conceito. O eu desenvolve portanto a perda real até o infinito, e em seguida desespera do temporal *in toto*. Mas desde que se quer investir esta diferença (entre desesperar de todo o temporal e desesperar de uma coisa temporal) de todo o seu valor, faz-se dar, por isso mesmo, à consciência do eu um passo capital. Essa fórmula do desespero do temporal torna-se então uma primeira expressão dialética da fórmula seguinte do desespero.

2° Desespero quanto ao eterno ou a si próprio. Desesperar do temporal ou de uma coisa temporal, se é de fato desespero, vem a ser o mesmo, no fundo, que desesperar quanto ao eterno e de si próprio, fórmula de todo o desespero.[4] Mas o desesperado, que descrevemos, não suspeita do que se passa, em suma, atrás dele; julgando desesperar de uma coisa temporal, fala sem descanso daquilo de que desespera, mas, de fato, o seu desespero diz respeito à eternidade; visto que é por dar tanto valor ao temporal, ou mais explicitamente, a uma coisa temporal, ou por a dilatar em primeiro lugar até à totalidade do temporal, ou por dar em seguida tanto valor a essa totalidade, é por isso que ele desespera quanto à eternidade.

Este último desespero é um progresso considerável. Se o outro era *desespero-fraqueza*, o homem aqui *desespera da sua fraqueza*,

---

4 É por isso que a linguagem tem razão em dizer: desesperar *do* temporal (a ocasião), *quanto* ao eterno, mas de si próprio, visto que aqui ainda se exprime a ocasião, o motivo do desespero, o qual para o pensamento é sempre desespero *quanto* ao eterno, enquanto que a coisa *da qual* se desespera, é porventura arquidiferente. Desespera-se *daquilo* que nos fixa no desespero: da infelicidade, do temporal, da perda da fortuna etc., mas *quanto* ao que, bem compreendido, nos liberta do desespero: quanto ao eterno, quanto à salvação, quanto às nossas forças etc.

Com respeito ao eu, dado que ele é duplamente dialético, tanto se diz desesperar de si com *quanto* a si. Daí essa obscuridade, sobretudo inerente às formas inferiores do desespero, mas além disso presente em quase todas: ver com tão apaixonada clareza *de* que se desespera, não vendo ao mesmo tempo *quanto* a quê. Para que a cura se opere, é necessária uma conversão da atenção, é preciso transferir o olhar do *de que* ao *quanto* a; e seria um ponto delicado sob o puro ponto de vista filosófico o saber se é na verdade possível desesperar sabendo plenamente quanto a que se desespera.

O desespero humano

mas o seu desespero ainda releva do desespero-fraqueza, como diferente do desespero-desafio. Diferença que é portanto apenas relativa: a forma precedente não ultrapassava a consciência da fraqueza, ao passo que aqui a consciência vai mais longe e condensa-se em uma nova consciência, a da sua fraqueza. O desesperado vê por si só que fraqueza é dar tanto valor ao temporal, que fraqueza é desesperar. Mas em vez de obliquar declaradamente do desespero para a fé, humilhando-se perante Deus sob essa fraqueza, mergulha no desespero e desespera dela. Devido ao que o seu ponto de vista muda: cada vez mais consciente do seu desespero, já sabe agora que desespera quanto ao eterno, que desespera de si próprio, da sua fraqueza de dar tanta importância ao temporal, o que para o seu desespero equivale à perda da eternidade e do seu eu.

Nesse caso, há crescimento. Em primeiro lugar na consciência do eu; porque desesperar quanto ao eterno é impossível sem uma ideia do eu, sem a ideia de que há ou houve nele eternidade. E para desesperar de si, é também necessário que se tenha consciência de ter um eu; e é disso que o homem desespera, não do temporal ou de uma coisa temporal, mas de si próprio. Além disso, há aqui maior consciência do que seja o desespero, que não é, com efeito, senão a perda da eternidade e de si próprio. Naturalmente que o homem tem assim maior consciência da natureza desesperada do seu estado. Agora o desespero não é apenas um mal passivo, mas uma ação. Quando o homem, com efeito, perde o temporal e desespera, o desespero parece vir de fora, se bem que venha sempre do eu; mas quando o eu desespera deste último desespero, esse desespero vem do eu, como uma reação indireta e direta e difere nisso do desespero-desafio, o qual surge do eu. Notemos aqui, enfim, um outro progresso.

O seu próprio crescimento de intensidade aproxima, em certo sentido, este desespero da salvação. Porque a sua própria profundidade o salva do esquecimento; não se cicatrizando, ele salvaguarda a cada instante uma probabilidade de salvação.

Contudo essa forma nem por isso deixa de ser redutível à do desespero, no qual queremos ser nós próprios. Assim como um pai deserda o seu filho, assim o eu recusa reconhecer-se após tanta fraqueza. Desesperado, não a pode esquecer, e, em certo sentido, abomina-se, não querendo, como o crente, humilhar-se sob ela para assim se encontrar; não, no seu desespero, não quer ouvir falar mais de si, nada mais quer saber de si. Mas não pode tratar-se, tampouco, de uma ajuda do esquecimento; tampouco também, graças ao esquecimento, de se esgueirar no clã a-espiritual, e viver então como um homem e cristão vulgar; não, o eu é por demais o eu para que assim seja. Como acontece muitas vezes com o pai que deserda o seu filho e que não adianta nada com esse gesto exterior, não se tendo desembaraçado por meio dele do seu filho, não o tendo, pelo menos, afastado do seu pensamento; mas que acontece muito mais frequentemente com a amante, que amaldiçoa o homem que odeia (e que é o seu amante), mas esse amaldiçoar de nada vale, e ainda prende mais — o mesmo acontece com o nosso desesperado em face do seu eu.

Esse desespero, de um mais profundo grau que o precedente, é daqueles que se encontram menos frequentemente no mundo. Essa porta condenada, por trás da qual nada havia além do nada, é aqui uma verdadeira porta, apesar de aferrolhada, e, por trás dela, o eu, como que atento a si próprio, ocupa-se e ilude o tempo a recusar-se ser ele próprio, ainda que o sendo o infinitamente para se amar. É o que se chama o *hermetismo*, do

O desespero humano

qual nos vamos agora ocupar, esse oposto do puro espontâneo, por ele desprezado dada a sua fraqueza intelectual.

Mas existe na realidade um tal eu, não se terá refugiado no deserto, no convento ou no asilo de alienados? Será um ser vivo vestido como os outros, ou escondendo-se como eles sob o manto de cada dia? Ora essa! E porque não? Simplesmente, ninguém está iniciado nesses segredos do seu eu, e ele não sente necessidade disso, ou sabe recalcá-la, senão ouçamos o que diz: "Mas só os puros espontâneos aqueles que, pelo espírito, estão quase no mesmo nível que a criança de poucos anos, quando o corpo, com uma deliciosa despreocupação, nada sabe reter só os puros espontâneos nada sabem esconder". É essa espontaneidade que muitas vezes se pretende "verdade, naturalidade, sinceridade, franqueza sem rodeios" e que é quase tão verdadeira como seria mentiroso no adulto não se conter caso o corpo sinta uma necessidade natural. Qualquer eu, por pouco refletido que seja, tem contudo a ideia de se dominar. E o nosso desesperado tem o suficiente hermetismo para conservar os importunos, isto é, toda a gente, distantes dos segredos do seu eu, sem perder o aspecto de "um vivo". É um homem cultivado, casado, pai de família, um funcionário com futuro, um pai respeitável, de comércio agradável, muito terno para com sua mulher e a seus filhos a solicitude em pessoa para com eles. E também cristão? Mas certamente, a seu modo, ainda que prefira não falar disso, se bem que de bom grado e com um pouco de alegria melancólica consinta que sua mulher se ocupe de religião para se edificar. O templo não o vê com frequência, a maior parte dos pastores parece-lhe não saber, no fundo, de que estão a falar. Exceto um único, confessa: esse, sabe; mas outra razão o impede de o ir escutar, o receio de ser arrastado demasiado longe. Em compensação, toma-o muitas vezes uma necessidade de solidão, tão vital para ele como respirar e dormir. Que mais intensamente do que o comandar gente ele tenha essa necessidade vital, é nele outro indício de uma natureza mais profunda. A necessidade da solidão revela sempre a nossa espiritualidade, e serve para dar a sua medida. "Essa espécie estouvada de homens, que o não são, esse rebanho de inseparáveis" sentem-no tão pouco que, como os periquitos, morrem mal se veem sozinho; como a criancinha que não adormece sem uma canção, é-lhes necessário, para comer, beber, dormir, orar e apaixonar-se etc. — o trauteio tranquilizador da sociabilidade. Mas nem na Antiguidade nem na Idade Média desprezavam-se essa necessidade de solidão. Nessas épocas, respeitava-se o que ela significa. A nossa época, com a sua sempiterna sociabilidade, treme de tal modo ante a solidão, que não sabemos (que epigrama!) servir-nos dela senão contra os criminosos. É certo que, nos nossos dias, é um crime dedicar-se ao espírito, e nada tem de extraordinário, portanto, que os amantes da solidão sejam postos ao lado dos criminosos.

Ocupado com a relação do seu eu consigo próprio, o desesperado hermético vive em vão, *horis successivis*, horas que algo tem que ver com a eternidade, embora não vividas para ela; no fundo, continua imóvel. Mas passadas essas horas, apaziguada a sua necessidade de solidão, é como se saísse — mesmo quando regressa para encontrar a mulher e os filhos. O que o torna um marido tão terno, um pai tão solícito, é, além do seu fundo bonachão e do seu sentido do dever, essa confissão que no mais íntimo da sua alma se fez da sua fraqueza.

Supondo que nos tornássemos seu confidente, e lhe disséssemos: "Mas o teu hermetismo é orgulho! No fundo estás

O desespero humano

ufano de ti!", é muito provável que não o confessasse. A sós consigo, reconheceria talvez a nossa razão; mas depressa a paixão com que o seu eu penetra a sua fraqueza lhe restitui a ilusão de que não pode ser orgulho, visto que era da sua fraqueza, precisamente, que desesperava — como se atribuir esse peso enorme à fraqueza não fosse orgulho, como se a vontade de se orgulhar do eu o não impedisse de suportar essa consciência da fraqueza. E se lhe disséssemos: "Ora aí está uma estranha complicação, uma estranha confusão; visto que todo o mal vem, no fundo, da maneira segundo a qual esse pensamento se forma (fora isso, nada de anormal), esse é precisamente o caminho a percorrer, que te conduzirás, pelo desespero do eu, ao teu verdadeiro eu. O que dizes da fraqueza está certo, mas não é dela que deves desesperar; devemos despedaçar o eu para nos tornarmos nós próprios, deixa-te pois de desesperar dela". Estas palavras provocariam, em um momento de calma, a sua confissão, mas depressa a paixão o arrastaria, uma outra viragem o lançaria de novo no desespero.

Um desesperado assim, como já se disse, não aparece com frequência. Mas se não fica por aí, a dar voltas no mesmo lugar, ou se, por outro lado, não se produz nele uma revolução, que o ponha no bom caminho da fé: então, ou o seu desespero condensa-se em uma forma superior, mas sempre hermética, ou despedaçar-se-á destruindo o disfarce exterior que como um incógnito envolvia a sua vida. Neste caso, vê-lo-emos lançar-se a viver, talvez na distração dos grandes empreendimentos, tornar-se um destes espíritos inquietos, cuja carreira deixa bem visíveis vestígios, desses espíritos sempre em busca do esquecimento, e que, perante o seu túmulo interior, exigem remédios poderosos, ainda que diversos dos de Ricardo III fugindo às maldições de sua mãe. Ou iria então procurar o esquecimento nos sentidos, talvez na devassidão, para, no seu desespero, regressar ao espontâneo, mas sempre com a consciência do eu que quer ser. No primeiro caso, quando o desespero se condensa, transforma-se em desafio, e vê-se então claramente que soma de mentira escondiam as lamentações da sua fraqueza, e quanta verdade dialética contém a afirmação de que o desafio começa por se exprimir como desespero de ser fraco.

Mas lancemos um último olhar ao íntimo deste taciturno que não faz senão chafurdar na sua taciturnidade. Se a mantém intacta, *omnibus numeris absoluta*, o suicídio é o seu primeiro risco. O comum dos mortais não faz naturalmente a menor ideia do que pode suportar um hermético desta espécie; ficariam estupefatos se o soubessem. Tão certo é que ele corre, em primeiro lugar, o risco do suicídio. Que pelo contrário ele fale a alguém, que se abra a uma só pessoa que seja, e produz-se então nele uma tal aquietação, um tal apaziguamento, que o suicídio deixa de ser o desenlace do hermetismo. Um confidente, um só, basta para fazer abaixar de um tom o hermetismo absoluto. Há então probabilidades do suicídio ser evitado. Mas a própria confidência pode dar lugar ao desespero, e então se afigura ao hermético que suportar a dor de se calar teria sido infinitamente melhor do que tomar um confidente. Há exemplos de herméticos levados ao suicídio precisamente por terem tomado um confidente. Um poeta poderia assim dispor a catástrofe de modo a fazer assassinar o confidente pelo herói (a supor, *poetice*, este último rei ou imperador). Poder-se-ia imaginar um demoníaco déspota com essa necessidade de confiar a alguém os seus tormentos e que se serviria sucessivamente de uma série de confidentes, sê-lo significando a morte certa: acabada a confidência, eram

O desespero humano

mortos. Bom assunto para um poeta pintar, sob esta forma, essa contradição dolorosa de um demoníaco, simultaneamente incapaz de suportar um confidente e de passar sem ele.

β) Do desespero no qual queremos ser nós próprios, ou desespero-desafio

Assim como se mostrou que se podia classificar como feminino o desespero-fraqueza (ver Livro III, cap.II, α), igualmente se pode classificar este como masculino. É por isso que, em relação ao precedente, é ainda desespero, visto sob o ângulo do espírito. Mas a virilidade é também da competência do espírito, ao contrário de feminilidade, síntese inferior.

O desespero descrito em (Livro III, cap.II, α, 2) era desespero de ser fraco, no qual o desesperado aspira a não ser ele próprio. Mas tão só com mais um grau dialético, se esse desesperado sabe enfim porque não quer sê-lo, dá-se uma reviravolta, e temos o desafio, precisamente porque, desesperado, ele quer ser ele próprio.

Vem em primeiro lugar o desespero do temporal ou de uma coisa temporal, em seguida o desespero de si próprio quanto à eternidade. Depois vem o desafio, que é, no fundo, desespero, graças à eternidade, e no qual o desesperado, para ser ele próprio, abusa desesperadamente da eternidade inerente ao eu. Mas é precisamente por se servir da eternidade que esse desespero a tal ponto se aproxima da verdade, e é por estar tão próximo dela que vai infinitamente longe. Esse desespero, que conduz à fé, não existiria sem o auxílio da eternidade; graças a ela, o eu consegue a coragem de se perder, para de novo se encontrar; pelo contrário, recusa-se a começar por se perder, e quer ser ele próprio.

Nesta forma de desespero, a consciência do eu aumenta progressivamente, e portanto, a par e passo, a do que é o desespero e da natureza desesperada do estado em que se está; nela o desespero tem consciência de ser um ato e não provém do exterior como um sofrimento passivo sob a pressão ambiente, mas diretamente do eu. Deste modo, em relação ao desespero de ser fraco, este desafio representa de fato uma nova qualificação.

O desespero em que pretendemos ser nós próprios, exige a consciência de um eu infinito, que no fundo não é senão a mais abstrata das forças do eu, o mais abstrato dos seus possíveis.

É esse eu que o desesperado quer ser, isolando-o de qualquer relação com um poder que lhe deu resistência, arrancando-o à ideia da existência de tal poder. Com o auxílio dessa forma infinita o eu quer, desesperadamente, dispor de si, ou, criador de si próprio, fazer do seu eu o eu que quer ser, escolher o que admitirá ou não no seu eu concreto. Pois que este não é uma qualquer concretização, é a sua, e com efeito comporta necessidade, limites, é um determinado preciso, particular, com os seus dons, os seus meios etc. Mas com o auxílio da forma infinita que é o eu negativo, mete-se na cabeça do homem transformar esse todo para dele extrair um eu conforme à sua ideia, produzido graças a essa forma infinita do eu negativo... após o que pretende ser ele próprio. Quer dizer que pretende começar um pouco mais cedo do que os outros homens, nem pelo, nem com o começo, mas "no começo"; e recusando-se a aceitar o seu eu, a ter como seu esse eu que lhe coube em sorte, quer, pela forma infinita, que persiste em ser, construir ele próprio o seu eu.

Se quiséssemos dar uma etiqueta geral a esse desespero, podíamos designá-lo como estoico, sem pensar apenas na seita. E

O desespero humano

para maior clareza, poder-se-ia distinguir um eu ativo e um eu passivo, e ver-se-ia como o primeiro se relaciona consigo próprio, e como o segundo, no seu sofrimento passivo, igualmente se relaciona consigo próprio: a fórmula continua portanto a ser a do desespero, no qual queremos ser nós próprios.

Se o eu desesperado é um eu *ativo*, o seu relacionar-se consigo próprio é, no fundo, apenas experimental – empreenda o que empreender de grande, de extraordinário, e por muito tenaz que seja. Não reconhecendo nenhum poder acima dele, carece interiormente de seriedade ou só pode conseguir por magia um seu sucedâneo, quando põe nas suas experiências todos os seus mais ambiciosos cuidados. É seriedade fraudulenta... aqui se rouba fogo roubado aos deuses por Prometeu... aqui se rouba a Deus a ideia de que ele nos contempla, e isso é que é importante; mas o desesperado não faz senão contemplar-se, pretendendo assim conferir aos seus empreendimentos um interesse e um sentido infinitos, quando é apenas um fazedor de experiências. Pois que, sem levar o seu desespero a ponto de, experimentalmente, se erigir em Deus, nenhum eu derivado pode, contemplando-se, dar-se por mais do que é; em última instância, é sempre o eu, mesmo multiplicando-se, o eu e só o eu. Neste sentido, no seu esforço desesperado para ser ele próprio, o eu dissolve-se no seu contrário, até acabar por deixar de ser um eu. Em toda a dialética que enquadra a sua ação, nem um ponto fixo; o que o eu é, em nenhum momento adquire constância, uma eterna constância. O poder que exerce a sua forma negativa tanto liga como desliga; pode, sempre que queira, voltar ao começo, e por muita perseverança que ponha em seguir uma ideia, a sua ação permanece hipótese. Bem longe de conseguir ser cada vez mais ele próprio, revela-se, cada vez mais, um hipotético.

O eu é senhor em sua casa, como é costume dizer-se, absolutamente senhor, e isso é o desespero, mas é-o ao mesmo tempo aquilo que toma como satisfação e prazer. Mas um segundo exame convence-nos sem dificuldade de que este príncipe absoluto é um rei sem reino, que, no fundo, sobre nada governa; a sua situação, a sua soberania está submetida a esta dialética: que a todo o instante a revolta é legitimidade. Com efeito, no fim de contas tudo depende da arbitrariedade do eu.

O homem desesperado não faz portanto mais do que construir castelos no ar e bater-se sempre contra moinhos de vento. Que brilho têm todas estas virtudes de fazedor de experiências! Encantam por um momento como um poema oriental: tamanho autodomínio, essa firmeza de rocha, toda essa ataraxia etc., atingem os domínios da fábula. E são de fato lendárias, sem nada por detrás. O eu, no seu desespero, quer esgotar o prazer de se criar, de se desenvolver, de existir por si próprio, reclamando as honras do poema; de trama a tal ponto magistral, em suma, a glória de tão bem se ter sabido compreender. Mas o que isso significa para ele continua a ser um enigma; no próprio instante em que crê terminar o edifício, tudo pode, arbitrariamente, desvanecer-se no nada.

Se o eu que desespera é *passivo*, o desespero continua, contudo, a ser aquele em que pretendemos ser nós próprios. Talvez um eu experimentador como o que se descreveu, querendo, previamente, orientar-se no seu eu concreto, vá de encontro a qualquer dificuldade, àquilo a que os cristãos chamariam uma cruz, um mal fundamental, seja ele aliás qual for. O eu, que nega os dados concretos, imediatos, do eu, começará talvez por tentar alijar esse mal, por fingir que ele não existe, e não quererá saber dele. Mas a sua tentativa aborta, a sua destreza nas experiências

O desespero humano

não vai a esse ponto, nem sequer a sua destreza de abstrator; como Prometeu, o eu negativo infinito sente-se preso a essa sujeição interior. Temos aqui, portanto, um eu passivo. Como se revela então o desespero em que queremos ser nós próprios?

Lembremo-nos: nessa forma de desespero, acima descrita, que é o desespero do temporal ou de uma coisa temporal, mostrou-se que no fundo ele é e se revela também como desespero quanto à eternidade; isto é, que o desesperado desse tipo não quer deixar-se consolar nem curar pela eternidade, que dá tal importância ao temporal, que a eternidade não lhe pode dar nenhuma consolação. Mas o recusar-se a aceitar como possível que uma miséria temporal, uma cruz deste mundo nos possam ser tiradas, não será uma outra forma de desespero? É o que recusa esse desesperado, que, na sua esperança, quer ser ele próprio. Mas se está convencido que esse espinho enterrado na carne (caso exista de fato ou que disso o persuada a sua paixão) penetra demasiado fundo para poder ser eliminado pela abstração;[5] então procurará eternamente torná-lo seu. Ele

---

5 Pode ver-se em muitas atitudes, a que o mundo dá o nome de resignação, uma forma de desespero, aquele em que o desesperado quer ser o seu eu abstrato, quer bastar-se na eternidade e desse modo tornar-se capaz de edificar ou de ignorar o sofrimento temporal. A dialética da resignação consiste no fundo em cada um querer ser o seu eu eterno, e em seguida, com respeito a um sofrimento do eu, negar-se a sê-lo, lisonjeando-se, para própria consolação, de que na eternidade se ficará quite desse mal e que há assim o direito de não aceitar, na terra, o seu peso; pois o eu, ainda que sofrendo, não se quer confessar que o seu sofrimento lhe é inerente, isto é, não quer humilhar-se sob ele como faz o crente. A resignação considerada como desespero é portanto essencialmente diversa do desespero, no qual nos recusamos a ser nós próprios, pois que ela, no seu, quer ser ela própria, exceto contudo em um ponto em que, desesperada, o não quer.

torna-se-lhe um motivo de escândalo, ou, melhor, dá-lhe azo a fazer de toda a existência um motivo de escândalo; então, por desafio, quer ser ele próprio, que não, a despeito do espinho, sê-lo sem ele (o que seria eliminá-lo pela abstração, coisa impossível, ou orientar-se para a resignação), não! Ele quer, a despeito desse espinho ou desafiando a sua vida inteira, ser com ele ele próprio, incluí-lo e como que tirar insolência do seu tormento. Porque admitir uma possibilidade de auxílio, sobretudo por esse absurdo de que a Deus tudo é possível, não! Não! Isso não quer. Nem por nada no mundo procurá-la em outrem, preferindo, mesmo com todos os tormentos do inferno, ser ele próprio a gritar por socorro.

E com efeito será tão verdadeiro como isso dizer: "é evidente que o homem que sofre nada deseja tanto como o auxílio, contanto que alguém lho possa dar..."? Bem diferente é a realidade, se bem que a repugnância pelo socorro nem sempre tenha um acento tão desesperado. Habitualmente, o homem que sofre nada deseja tanto como ser auxiliado, mas de uma certa maneira. Se o socorro é dado dentro da forma em que o deseja, de boa vontade o aceita. Mas em um sentido bem diversamente grave, quando se trata de um socorro superior, do socorro de cima... dessa humilhação de ter de o aceitar sem condições, não importa como, ser como um nada na mão do "Socorredor", a quem tudo é possível, ou que se trate apenas da obrigação de ceder ante o próximo, de renunciar a si próprio: ah! Quantos sofrimentos, então, ainda que longos e tormentosos, o eu não acha contudo tão intoleráveis quanto este, e consequentemente prefere, sob a condição de permanecer ele próprio.

Mas quanto mais consciência há nesse eu passivo, que sofre e quer desesperadamente ser ele próprio, tanto mais o deses-

O desespero humano

pero se condensa e tende para o demoníaco, eis a frequente origem do mal. Um desesperado, que quer ser ele próprio, suporta de má vontade qualquer estado penoso ou inseparável do seu eu concreto. Lança-se então com toda a sua paixão nesse tormento, que acaba por se tornar uma raiva demoníaca. E se então fosse possível que, no céu, Deus, com todos os seus anjos, lhe oferecesse a libertação, recusá-la-ia: tarde demais! Dantes teria dado alegremente tudo para se ver livre dele, mas fizeram-no esperar, agora é tarde demais, prefere arrebatar-se contra tudo, ser a injusta vítima dos homens e da vida, permanecer aquele que vela o seu tormento para que não lho tirem, mantendo-o entre suas próprias mãos – caso contrário, como comprovar o seu direito e convencer-se a si próprio? Esta ideia fixa de tal modo se desenvolve na sua cabeça, que por fim é uma razão muito diversa que o faz temer a eternidade, temer que ela lhe arrebate aquilo que ele, demoniacamente, crê ser a sua superioridade infinita sobre o resto dos homens, e a justificação de ser quem é. É ele próprio quem quer ser; começou por formar uma abstração infinita do seu eu, mas ei-lo ao fim tornado tão concreto que lhe seria impossível ser eterno nesse sentido abstrato, enquanto o seu desespero se obstina em ser ele próprio. Ó demência demoníaca! O essencial da sua raiva é pensar que a eternidade poderia lembrar-se de o privar da sua miséria.

Esta forma de desespero não é frequente, heróis desta espécie não se encontram de fato senão entre os poetas, nos maiores de entre eles, os quais conferem sempre às suas criações essa idealidade "demoníaca", no sentido em que a entendiam os gregos. Todavia também na vida se encontra esse desespero. Mas que aspecto exterior lhe corresponde? Em boa verdade, nenhum, pois que um exterior correspondente, que corresponda ao hermetismo, implica uma contradição nos termos; essa correspondência seria uma revelação. Mas aqui o sinal exterior é absolutamente indiferente, pois o hermetismo, isto é, uma interioridade, cujo segredo se perdeu, é a principal coisa a salvaguardar. As formas mais inferiores do desespero, sem real interioridade, ou em todo o caso não havendo nada a dizer delas, deveriam ser expressas descrevendo-se ou indicando-se apenas, em duas palavras, os sinais exteriores dos indivíduos. Mas quanto mais o desespero se espiritualiza, tanto mais a interioridade se isola como um mundo incluso no hermetismo, tanto mais indiferente se torna o aspecto exterior sob o qual o desespero se esconde. Mas é que à medida que se espiritualiza, manifesta, por um tato demoníaco, um cuidado cada vez maior em esquivar-se sob o hermetismo, e consequentemente em revestir-se de aparências quaisquer, tanto quanto possível insignificantes e neutras. Como o diabinho do conto, que se eclipsa por uma frincha invisível, quanto mais espiritualizado é, mais lhe importa alojar-se sob uma aparência, na qual ninguém, naturalmente, se lembraria de o procurar. Até nesta dissimulação há uma certa espiritualidade, e é um meio, entre outros, de se garantir, por trás da realidade, um mundo exclusivamente para si próprio, mundo em que o eu desesperado, como Tântalo, sem tréguas, se ocupa em querer ser ele próprio.

Começamos (Livro III, cap.II, α, 1) pela mais inferior das formas do desespero, no qual não queremos ser nós próprios. Mas aquele em que o queremos, de todos o mais condensado, é o desespero demoníaco. E não é sequer por estoico apego ou por *self*-idolatria que este eu quer ser ele próprio; não é, como no último caso, por uma mentira, é certo, mas também

O desespero humano

em certo sentido para prosseguir no aperfeiçoamento próprio; não, ele pretende-o, por ódio à existência e segundo a sua miséria; e a esse eu, nem sequer é por revolta ou desafio que se apega, mas para comprometer Deus; não quer arrancá-lo pela violência ao poder que o criou, mas impor-lho, especá-lo contra ele satanicamente... e a coisa é compreensível, uma objeção verdadeiramente maldosa ergue-se sempre violentamente contra o que a suscitou! Precisamente por causa da sua revolta contra a existência, o desesperado gaba-se de possuir uma prova contra ela e contra a sua bondade. Julga ser ele próprio essa prova, e, visto querer sê-la, quer portanto ser ele próprio — sim, com o seu tormento! — para, por meio desse próprio tormento, protestar toda a vida. Ao passo que o desespero-fraqueza foge à consolação que seria para ele a eternidade, o nosso desesperado demoníaco também não quer saber dela para nada, mas por motivo diferente: essa consolação perdê-lo-ia, deitaria por terra a objeção geral contra a existência que ele é. Para exprimir isto por uma imagem, suponha-se um erro de impressão escapando a um autor, uma *gralha* dotada de consciência, e que em revolta contra o autor lhe proíbe por ódio emendá-la, e lhe grita em um desafio absurdo: não! Tu não me hás-de suprimir, ficarei como um testemunho contra ti, como testemunho de que és um escritor falacioso!

Segunda parte
Desespero e pecado

Livro IV
O desespero e o pecado

Pecamos quando, perante Deus ou com a ideia de Deus, desesperados, não queremos, ou queremos ser nós próprios. O pecado é deste modo fraqueza ou desafio elevados à suprema potência; é, portanto, condensação do desespero. O acento recai aqui sobre estar perante Deus ou ter a ideia de Deus; o que faz do pecado aquilo que os juristas chamam "desespero qualificado"; a sua natureza dialética, ética, religiosa, é a ideia de Deus.

Se bem que esta segunda parte não seja nem o lugar nem o momento, especialmente este Livro IV, para uma descrição psicológica, digamos, contudo, que os mais dialéticos confins do desespero e do pecado são o que se poderia chamar uma existência de poeta de orientação religiosa, existência que não deixa de ter pontos comuns com o desespero da resignação, mas sem que lhe falte a ideia de Deus. Tendo em conta apenas as categorias da estética, eis a mais elevada imagem de uma vida de poeta. Mas (não obstante toda a estética), para o cristão essa vida é sempre pecado, o pecado de sonhar em vez de ser, de não manter senão uma relação estética de imaginação com o bem e a verdade, em vez de uma relação real, em vez de esforço de a criar pela sua própria vida. A diferença entre esta vida de poeta e o desespero, é a presença nela da ideia de Deus, a sua consciência de estar perante Deus; mas intensamente dialética, ela é como uma impenetrável confusão, desde que nos perguntemos se ela terá obscuramente consciência de ser pecado. Pode ser que uma profunda necessidade religiosa se encontre nesse poeta, e que a ideia de Deus entre no seu desespero. No seu secreto suplício, só Deus, que ele ama acima de tudo, o pode consolar, e contudo ele ama o seu suplício e não quereria ver-se livre dele. O seu maior desejo é ser ele próprio, perante Deus, exceto naquele ponto fixo onde o eu sofre, e não quer ser ele próprio; conta com a eternidade para ser libertado, mas, na terra, apesar de todo o seu sofrimento, adotá-lo, humilhar-se-lhe, como, faz o crente, é coisa a que não pode resolver-se. Contudo a sua relação com Deus, a sua única alegria celeste, não cessa; o cúmulo do horror seria ter de passar sem ela, "e isso seria o mesmo que desesperar": mas permitindo-se, no fundo, talvez inconscientemente, sonhar Deus um pouco diferente do que é, como um pai enternecido que cede demasiado o único desejo do seu filho. Tal como o poeta nascido de um amor infeliz canta como bem-aventurada a felicidade do amor, assim o nosso se torna o cantor do sentimento religioso. A sua infelicidade provém da sua religiosidade, e ele pressente, ele adivinha que a exigência de Deus é que abandone esse tormento, que à semelhança do crente se lhe humilhe, que o aceite como parte do seu eu — pois que o retém querendo mantê-lo a distância, ainda que julgue (verdade do avesso, como tudo o que diz um desesperado, e portanto inteligível entendendo-a ao contrário) afastá-lo assim o melhor possível, livrar-se dele tanto quanto ao homem é possível. Mas adotar o tormento,

O desespero humano

à semelhança do crente, eis do que ele é incapaz, quer dizer que, em suma, o recusa, ou antes que o seu eu se perde aqui no obscuro. Mas como as descrições amorosas do poeta, a que ele faz da religião tem um encanto, um *élan* lírico que não atinge nunca nem os maridos, nem os pastores. Mas é que no que diz não há falsidade, pelo contrário, a sua pintura, a sua descrição é precisamente o melhor dele próprio. Ele ama a religião como apaixonado infeliz, sem ser crente no sentido estrito; da fé apenas possui o primeiro elemento, o desespero; e nesse desespero uma ardente nostalgia da religião. O seu conflito, no fundo, é este: é ele "chamado"? O espinho na sua carne será o sinal de uma missão extraordinária, e, se esta lhe é destinada, sê-lo-á regularmente perante Deus? Ou o espinho cravado na carne significa que sob ele se deva humilhar para retomar o seu lugar entre o comum dos homens? Mas, basta, não tenho o direito de, sem mentir, dizer: a quem falei? Estas investigações psicológicas de potência n^n, a quem importam! Todas as imagens populares dos pastores são de mais fácil compreensão, imitam a semelhança das pessoas a ponto de iludir – das pessoas como são em geral, isto é: espiritualmente, nada.

Capítulo I
As gradações da consciência do eu
(A qualificação: perante Deus)

A primeira parte deste escrito marcou sem cessar uma gradação da consciência do eu: primeiro o homem ignorante do seu eu eterno (Livro III, cap.II, A), depois o homem consciente de um eu, no qual existe contudo eternidade e no interior dessas divisões (Livro III, cap.II, B, α, I; b), ainda outras gradações

103

foram estabelecidas. Invertamos agora os termos dialéticos de todo esse desenvolvimento. Eis do que se trata. Essa gradação da consciência foi tratada até aqui sob o ângulo do eu humano, do eu cuja medida é o homem. Mas esse mesmo eu, perante Deus, toma por essa razão uma nova qualidade ou qualificação. Já não é apenas o eu humano, mas aquilo que, na esperança de não ser mal compreendido, designarei como eu teológico, o eu em face de Deus. E que realidade infinita ele toma então, pela consciência de estar perante Deus, eu humano agora à medida de Deus! Um vaqueiro que não fosse mais do que um eu em face das suas vacas, não seria senão um eu bem inferior; assim também um soberano eu, perante os seus escravos, não é senão um eu inferior, no fundo nem sequer é um eu – porque nos dois casos falta a escala. A criança, que por medida ainda não teve senão os pais, será um eu quando, homem, tiver para medida o estado; mas que acento infinito Deus dá ao homem tornando-se a sua medida! A medida do eu é sempre o que este tem diante de si, e assim se define o que seja "a medida". Como só se adicionam grandezas da mesma ordem, todas as coisas são assim qualitativamente idênticas à sua medida; medida que é ao mesmo tempo a sua regra ética; medida e regra exprimem portanto a qualidade das coisas. Não sucede contudo o mesmo no mundo da liberdade: aqui, se não se for de qualidade idêntica à medida e à regra, é-se contudo responsável desta desqualificação, de modo que regra e medida, quando chega o juízo final, permanecem contudo invariáveis, manifestam o que não somos: a nossa regra e a nossa medida.

A dogmática antiga não procedia mal – e a isso recorreu mais que uma vez, ao passo que uma escola mais recente lhe achou defeitos, por falta de compreensão do seu sentido – não

O desespero humano

procedia mal, digo, a despeito, por vezes, de erros de prática, em crer que o terrível do pecado consiste em estar perante Deus. Assim se provava a eternidade das penas do inferno. Mais tarde, com mais habilidade, disse-se: o pecado é o pecado; não se torna mais grave por ser cometido contra ou perante Deus. Argumento singular! Quando até os juristas falam de crimes qualificados, quando os vemos distinguir se o crime é contra um funcionário ou um particular e fazer variar a pena segundo é um parricídio ou um crime vulgar.

Não, a velha dogmática tinha razão em dizer que o ser contra Deus elevava o pecado a um infinito de potência. O erro estava em considerar Deus como de certo modo exterior a nós, admitir, por assim dizer, que nem sempre se peca contra ele. Porque Deus não nos é exterior como um agente de polícia. Insistamos: o eu tem a ideia de Deus, mas isso não o impede de não querer o que Deus quer, nem de desobedecer. Tampouco nem só por vezes se peca perante Deus, ou, antes, o que transforma um pecado em uma falta humana, é a consciência que o culpado tem de estar perante Deus.

O desespero condensa-se à proporção da consciência do eu; mas o eu condensa-se à proporção da sua medida, e, quanto esta medida é Deus, infinitamente. O eu aumenta com a ideia de Deus, e reciprocamente a ideia de Deus aumenta com o eu. Só a consciência de estar perante Deus faz do nosso eu concreto, individual, um eu infinito; e é esse eu infinito que então peca perante Deus. Também, o egoísmo pagão, apesar de tudo o que dele pode ser dito, estava longe de ser tão qualificado como o egoísmo que podemos encontrar em um cristão; porque o eu do pagão não estava perante Deus. O pagão e o homem natural só têm como medida o homem humano. Assim, é talvez

Søren Kierkegaard

lícito dizer, sob um ponto de vista superior, que o paganismo residia no pecado, mas no fundo esse pecado não era senão a ignorância desesperada de Deus, a ignorância de estar perante Deus; no fundo "de estar sem Deus no mundo". Mas sob um outro ponto de vista pode negar-se o pecado (no sentido estrito) do pagão, pois que ele não pecava perante Deus; e todo o pecado o é perante Deus. Certamente que, também em certo sentido, o que devia, impecavelmente, se assim se pode dizer, tirá-lo muitas vezes de dificuldade na vida, era a própria leviandade do seu pelagianismo; mas nesse caso o seu pecado era outro, era a sua própria leviandade. Pelo contrário, e não menos seguramente, uma educação cristã demasiado severa deve ter levado muitas vezes ao pecado, pois que a maneira de ver do cristianismo é demasiado grave para alguns, sobretudo em momentos anteriores da sua vida; mas, em compensação, essa mais profunda ideia do pecado deve ter podido ajudá-los.

Peca-se quando, perante Deus, desesperados, não queremos, ou queremos ser nós próprios. Mas esta definição, vantajosa talvez em outros casos (entre outros e sobretudo, pela sua conformidade única com a Escritura, onde pecado é sempre definido como desobediência) não será de uma natureza por demais espiritual? Em primeiro lugar, responderemos, nunca uma definição do pecado pode ser por demais espiritual (a menos que o seja a tal ponto que o suprima); visto que o pecado, precisamente, é uma categoria do espírito. Em seguida: porque demasiado espiritual? Por não falar de homicídio, de roubo, de fornicação etc.? Mas não falará, de fato? Não implica ela uma obstinação contra Deus, urna desobediência que desafia os seus mandamentos? Pelo contrário, não falar, a propósito do pecado, senão dessa espécie de faltas, é esquecer facilmen-

O desespero humano

te que, até certo ponto, se pode estar em tudo isso em regra com os homens, sem que toda a vida nem por isso deixe de ser pecado, pecado que nós bem conhecemos: os nossos vícios brilhantes e a nossa obstinação, quando estúpida ignora ou quer, a descarada, tudo quanto o nosso eu intimamente deve de obediência a Deus em todos os seus desejos e pensamentos mais secretos, na agudeza dos seus ouvidos para fixar e na sua docilidade em seguir os menores sinais de Deus nos seus desígnios sobre nós. Os pecados da carne são a obstinação das partes mais baixas do eu; mas quantas vezes o Demônio não se substitui a um demônio específico, agravando assim o nosso estado. Porque assim vai o mundo: começa-se a pecar por fragilidade ou fraqueza; depois — sim, depois é possível que aprendamos a recorrer a Deus e que pela sua ajuda se chegue à fé, que salva de todo o pecado; mas disso não falamos aqui — depois desesperamos da fraqueza, tornando-nos em um fariseu, que o desespero eleva a uma certa justiça legal, ou sucede então que o desespero nos reconduz ao pecado.

A nossa fórmula engloba portanto todas as formas imagináveis e todas as formas reais do pecado, e ela revela pois o seu traço decisivo: ser desespero (pois o pecado não é o desregramento da carne e do sangue, mas o consentimento dado pelo espírito a esse desregramento) e estar perante Deus. Ela não é mais do que uma fórmula algébrica; não é este pequeno escrito o lugar, e além disso uma tentativa não teria probabilidades de sucesso, para descrever os pecados um por um. O importante, aqui, é apenas que a definição prenda nas suas malhas todas as formas. O que ela faz, como se pode ver quando a verificamos supondo o seu contrário: a definição da fé pela qual me guio em todo este escrito, como por uma segura boia. Ora, crer é: sendo nós próprios e querendo sê-lo, mergulhar em Deus através da sua própria transparência.

Mas demasiadas vezes se esquece que o contrário do pecado de modo algum é a virtude. Esse é antes um ponto de vista pagão, que se contenta com uma medida puramente humana, ignorando o que é o pecado e que ele está sempre perante Deus. Não, *o contrário do pecado é a fé*; como o diz a Epístola aos Romanos (14,23): "Tudo o que não provém da fé é pecado". E uma das definições capitais do cristianismo é que o contrário do pecado não é a virtude, mas sim a fé.

Apêndice
A definição do pecado implica a possibilidade do escândalo; nota geral sobre o escândalo

Esta oposição do pecado e da fé domina o cristianismo e transforma, cristianizando-os, todos os conceitos éticos, que dela recebem assim um mais profundo relevo. É sobre o critério soberano do cristão que ela repousa: se está ou não perante Deus, critério que implica outro, por sua vez decisivo no cristianismo: o absurdo, o paradoxo, a possibilidade do escândalo. A presença deste critério é de extrema importância todas as vezes que se quer definir o cristianismo, pois é o escândalo que defende o cristianismo contra qualquer especulação. Onde se encontra então, aqui, a possibilidade do escândalo? Se não neste ponto inicial, que a realidade do homem devia consistir em existir *Isolado* perante Deus; e neste segundo ponto, consequência do primeiro, de que o seu pecado deveria ocupar Deus. Este *tête-à-tête* do Isolado e de Deus jamais entrará na cabeça dos filósofos; eles não fazem outra coisa senão universalizar

O desespero humano

imaginariamente os indivíduos na espécie. Foi isso o que levou um cristianismo incrédulo a inventar que o pecado não é senão o pecado, sem que estar ou não perante Deus acrescente ou diminua alguma coisa. Em suma, queria-se eliminar o critério: perante Deus, inventando para tal fim uma sabedoria superior, que era afinal um regresso ao que é ordinariamente a sabedoria superior, para o antigo paganismo.

Quantas vezes não se disse que o cristianismo escandalizava por causa das suas sombrias trevas, da sua austeridade etc.; não terá chegado enfim a hora de explicar que, se os homens se escandalizam, é no fundo porque ele é demasiadamente elevado, porque não é à medida do homem, ao qual pretende tornar um ser tão extraordinário, que o homem já não o pode compreender. É isso também que esclarecerá uma simples exposição psicológica do que é o escândalo, a qual mostrará ainda o absurdo de uma defesa do cristianismo de que se amputasse o escândalo; que mostrará também toda a tolice ou descaramento de ter ignorado os próprios preceitos de Cristo, as suas tão frequentes e tão diligentes advertências contra o escândalo, quando ele próprio nos indica a sua possibilidade e necessidade; porque desde que a sua possibilidade não é necessária, desde que ela deixa de ser uma parte eterna e essencial do cristianismo, Cristo cai no contrassenso humano, passeando assim os seus vãos avisos contra ela, em vez de a suprimir.

Imaginemos um pobre jornaleiro e o imperador mais poderoso do mundo, e que este potentado tivesse bruscamente o capricho de o mandar chamar, a ele que jamais tinha sonhado coisa semelhante, e "cujo coração jamais tinha ousado conceber" que o imperador soubesse da sua existência, a ele que teria como felicidade sem nome a sorte de, uma vez que fosse, ver o imperador, e que o teria contado aos filhos e aos netos como o acontecimento capital da sua vida – se o imperador o mandasse chamar, e lhe fizesse saber que o queria para genro: que sucederia? Então o jornaleiro, como todos os homens, sentir-se-ia um pouco ou muito embaraçado, confuso, constrangido. O caso havia de lhe parecer (e é o lado humano) humanamente bem estranho, insensato, e não ousaria contar nada a quem quer que fosse, estando já tentado, de para consigo, por esta explicação, da qual nenhum dos seus vizinhos tardaria em fazer-se eco: o imperador queria rir-se à sua custa, toda a cidade o troçaria, os jornais publicariam a sua caricatura e as comadres venderiam uma canção sobre o noivado com a filha do príncipe. Mas, tornar-se genro do imperador, não seria contudo uma realidade iminente, visível? E então o jornaleiro poderia verificar por todos os seus sentidos até que ponto era sério o convite do imperador; ou se não pensava senão em troçar do pobre diabo, em torná-lo infeliz para o restante dos seus dias e ajudá-lo a acabar em um hospício; porque há no caso um *quid nimis*, que bem facilmente se pode transformar no seu contrário. Um pequeno testemunho de favor, isso o jornaleiro compreendia-o, e a cidade achá-lo-ia plausível, e todo o respeitável público bem-educado, e todas as vendedeiras de canções, em suma as cinco vezes cem mil almas desse grande burgo, sem dúvida uma grande cidade pelo número dos seus habitantes, mas uma aldeola para efeito de compreender e apreciar o extraordinário – mas esta coisa, desposar a filha do imperador, sempre é um exagero. E suponhamos agora uma realidade, não exterior mas interior, e portanto sem nada de material que pudesse dar ao jornaleiro qualquer certeza, mas sim a fé por si só, e da qual tudo dependesse, teria ele a suficiente e humilde coragem para

O desespero humano

ousar acreditar nela (uma coragem sem humildade não ajuda nunca, com efeito, a *crer*): e essa coragem, quantos jornaleiros a teriam? Mas aquele que a não tivesse, escandalizar-se-ia; essa coisa extraordinária far-lhe-ia quase o efeito de uma zombaria pessoal. Talvez confessasse então ingenuamente: "São coisas demasiado altas para mim e que não me podem entrar na cabeça; para falar sem rodeios, isso me parece loucura".

E então o cristianismo! A lição que ele dá é que esse indivíduo, como qualquer indivíduo, seja ele qual for (marido, mulher, criada, ministro, negociante, barbeiro etc.), existe *perante Deus* — esse indivíduo, que porventura se orgulharia de ter uma vez em toda a sua vida falado ao rei, esse mesmo homem, que seria já alguém pelo seu comércio amistoso com este ou aquele, esse homem está perante Deus, pode falar com Deus quando quiser, com a certeza de ser escutado, e é a ele que propõem viver na intimidade de Deus! Mais ainda: foi por esse homem, por ele também que Deus veio ao mundo, se deixou encarnar, sofreu e morreu; e é esse Deus de sofrimento que lhe roga e quase suplica que aceite o socorro, que é um oferecimento! Na verdade, se há no mundo coisa para enlouquecer, não será esta? Quem quer não o ousa crer, por falta de humilde coragem, escandaliza-se. Mas se se escandaliza, é porque a coisa é demasiado elevada para ele, porque não lhe pode entrar na cabeça, porque não pode neste caso falar com toda a franqueza, e eis porque lhe é necessário pô-la de parte, considerá-la nada, uma loucura, uma ingenuidade, de tal modo ele se sente sufocado.

Que é então o escândalo? A admiração infeliz, parente pois da inveja, mas uma inveja que se revolta contra nós próprios, mais ainda: que se encarniça mais contra ela própria do que contra outrem. Na sua estreiteza de coração, o homem natural é incapaz de se conceder o extraordinário que Deus lhe destinava: por isso se escandaliza.

O escândalo varia segundo a paixão que o homem põe na admiração. Mais prosaicas, as naturezas sem imaginação nem paixão, portanto sem grande aptidão para admirar, é certo que se escandalizam, mas limitando-se a dizer: "São coisas que não me entram na cabeça, deixo-as passar". Assim falam os céticos. Mas quanto maior é a paixão e a imaginação em um homem, e em certo sentido se aproxima da fé, isto é, da possibilidade de crer, contanto que se humilhe de adoração sob o extraordinário, tanto mais o escândalo se ergue contra esse extraordinário, até pretender nada menos que extirpá-lo, aniquilá-lo e espezinhá-lo na lama.

A verdadeira ciência do escândalo só se aprende estudando a inveja humana, um estudo extraprograma, mas que me gabo de ter feito e a fundo. A inveja é uma admiração que se dissimula. O admirador que sente a impossibilidade de ser feliz cedendo à sua admiração, toma o partido de invejar. Usa então de uma linguagem diferente, segundo a qual o que no fundo admira deixa de ter importância, não é mais do que patetice insípida, extravagância. A admiração é um abandono de nós próprios penetrado de felicidade, a inveja uma reivindicação infeliz do eu.

Assim o escândalo: pois o que de homem para homem é admiração-inveja, torna-se, do homem para Deus, adoração-escândalo. A *summa summarum* de toda a humana sabedoria é esse *quid nimis*, que em vez de ouro é um metal qualquer dourado: o excesso ou a míngua estragam tudo. Essa mercadoria passa de mão em mão como se fosse sabedoria e tem a admiração de todos; o seu curso ignora as flutuações, porque toda a humanidade garante o seu valor. Que apareça então um

O desespero humano

gênio que ultrapasse um pouco essa mediocridade, e os sábios declaram-no... louco. Mas o cristianismo, com um passo de gigante para além desse *ne quid nimis*, salta até ao absurdo; é daí que ele parte... e que parte o escândalo.

Vê-se agora que extraordinária tolice (se é que podemos dizer "extraordinário" nesse caso) se comete defendendo o cristianismo, como se trai assim o restrito conhecimento do homem, e como essa tática, ainda que inconsciente, tem, sub-repticiamente, partida ligada com o escândalo, fazendo do cristianismo uma coisa tão lamentável, que por fim é necessário advogar a sua causa para o salvar. Tanto isto é assim que o primeiro inventor na cristandade de uma defesa do cristianismo é de fato um outro Judas; também ele trai com um beijo, mas é o beijo da estupidez. Advogar desacredita sempre. Suponhamos alguém que possui um armazém cheio de ouro e que queira dar todos os seus ducados aos pobres — mas se cai ao mesmo tempo na estupidez de começar a sua caridosa empresa com um discurso, demonstrando em três pontos tudo o que ele tem de defensável, nada mais é preciso para que seja posta em dúvida a caridade do seu gesto. Mas então o cristianismo? Declaro incrédulo aquele que o defenda. Se crê, o entusiasmo da sua fé nunca é uma defesa, é sempre um ataque, uma vitória; um crente é um vencedor.

Assim se passam as coisas com o cristianismo e o escândalo. Por isso a possibilidade do escândalo está bem presente na definição cristã do pecado. Está no: perante Deus. O pagão, o homem natural, reconheceriam sem dificuldade a existência do pecado, mas este: perante Deus, sem o qual no fundo o pecado não existe, para eles é ainda demasiado. A seus olhos, é dar excessiva importância à existência humana; um pouco menos de importância, ainda admitiriam... — mas a demasia é sempre demasia.

Søren Kierkegaard

Capítulo II
A definição socrática do pecado

Pecar é ignorar. Tal é, como se sabe, a definição socrática do pecado, a qual, como tudo o que vem de Sócrates, é sempre uma instância digna de atenção. Contudo, esse aspecto teve a sorte de tantos outros aspectos do socratismo, e aprendeu-se a sentir a necessidade de passar adiante. Quantos não sentiram a de ultrapassar a ignorância socrática... sentindo sem dúvida a impossibilidade de nela se manterem; pois quantos haverá, em cada geração, que saibam suportar, um mês que seja, essa ignorância de tudo, que saibam manifestá-la pela sua própria vida!

É por isso que, muito ao contrário de pôr de parte a definição socrática dada a dificuldade de a realizar, quero, com o cristianismo *in mente*, servir-me dela para salientar os ângulos do cristianismo – precisamente por ela ser tão profundamente grega; assim, qualquer outra definição sem o rigor cristão, que hesite, aqui como sempre mostrará o seu vazio.

Por sua vez, o defeito da definição socrática está em deixar vago o sentido mais preciso dessa ignorância, a sua origem etc. Por outras palavras, mesmo se o pecado é ignorância (ou aquilo a que o cristianismo de preferência chamaria necessidade), o que em certo sentido é inegável, poder-se-á ver nele uma ignorância original? Isto é, o estado de alguém que nada soube, e até aqui nada pôde saber acerca da verdade? Ou será uma ignorância ulteriormente adquirida? Caso o seja, é porque o pecado mergulha as suas raízes, não na ignorância, mas nessa atividade que há no nosso fundo, pela qual, por meio da qual trabalhamos no obscurecimento do nosso conhecimento. Mas a admiti-lo, esse defeito da definição socrática, tenaz e resis-

O desespero humano

tente, reaparece, porque nos podemos perguntar se o homem tem plena consciência desse obscurecer do conhecimento, que pratica. Se não tem, é porque a sua consciência já estava um pouco obscurecida, antes mesmo de começar; e o problema põe-se de novo. Se, pelo contrário, na iminência de obscurecer a sua consciência, disso fosse consciente, então o pecado (se bem que sempre ignorância como resultado) não está no conhecimento, mas na vontade, e põe-se então o problema inevitável das suas respectivas relações. Nessas relações (e poder-se-ia continuar questionando dias e dias), não penetra, no fundo, a definição de Sócrates. Sócrates foi, sem dúvida, um moralista (a antiguidade reivindicou-o sempre como tal, como inventor da ética) e o primeiro em data, como é e será sempre o primeiro no seu gênero; mas é pela ignorância que começa. Intelectualmente, é para a ignorância que ele tende, para o nada saber. Eticamente, é outra coisa que ele pretende significar, que não ignorância, quando a esta se refere, e é dela que parte. Mas, pelo contrário, é bem certo que Sócrates não tem nada de um moralista religioso, e ainda menos, no plano cristão, de um dogmatista. Eis porque ele não entra em todo este inquérito pelo qual se inicia o cristianismo, nessa antecedência, na qual se pressupõe o pecado e que encontra a sua explicação cristã no pecado original.

Sócrates não vai portanto até à categoria do pecado, o que sem dúvida é defeito, para uma definição do pecado. Mas como? Se o pecado é com efeito ignorância, no fundo a sua existência desaparece. Porque admiti-lo é crer, como Sócrates, que nunca sucede praticar-se uma injustiça sabendo-se o que é justo, ou cometê-lo sabendo que é injusto. Portanto, se Sócrates o definiu bem, o pecado não tem existência. Mas, atenção!

Isto está perfeitamente em regra sob o ponto de vista cristão, e é até profundamente justo, e, no interesse do cristianismo, *quod erat demonstrandum*. Precisamente, o conceito que estabelece uma radical diferença de natureza entre cristianismo e o paganismo, é o pecado, a doutrina do pecado; assim o cristianismo crê, muito logicamente, que nem o pagão nem o homem natural sabem o que seja o pecado, e até que a Revelação se torna necessária para ilustrar o que ele é. Pois que, ao contrário de uma visão superficial, a diferença de natureza entre o paganismo e o cristianismo não provém da doutrina da Redenção. Não, é preciso estabelecer a diferença muito mais em profundidade, partir do pecado, da doutrina do pecado, como faz o cristianismo. Que perigosa objeção contra este último seria então, se o paganismo desse uma definição do pecado cuja exatidão um cristão tivesse de reconhecer!

Que faltou então a Sócrates na sua determinação do pecado? A vontade, o desejo! A intelectualidade grega era demasiado feliz; demasiado ingênua, demasiado estética, demasiado irônica, demasiado maliciosa... demasiado pecadora para chegar a compreender que alguém tendo o seu saber, conhecendo o justo, pudesse cometer o injusto. O helenismo dita um imperativo categórico da inteligência. Eis uma verdade a não desdenhar, e que é mesmo bom acentuar em um tempo como o nosso, extraviado em muita e vã ciência empolada e estéril, se é verdade que no de Sócrates e mais ainda em nossos dias a humanidade precisa de uma ligeira dieta de socratismo. Pois não dá vontade de rir e de chorar ao ver todas estas afirmações de ter compreendido e apreendido as verdades supremas, e perante essa tão frequente virtuosidade em desenvolvê-las *in abstracto*, em certo sentido, sem dúvida com grande precisão!...

O desespero humano

Sim, riemos e choremos ao ver tanto saber e compreensão permanecerem sem ação sobre a vida dos homens, na qual nada se manifesta do que compreenderam, antes pelo contrário! À vista de uma tal discordância, tão triste como grotesca, exclama-se involuntariamente: mas como diabo é possível que eles tenham compreendido? Aqui o velho ironista e moralista responde: não te fies nisso, meu amigo: eles não compreenderam, doutro modo a sua vida exprimi-lo-ia, e os seus atos corresponderiam ao seu saber.

É que há compreender e compreender! E aquele que o compreende – não, bem entendido, à maneira da vã ciência – fica desde logo iniciado em todos os segredos da ironia. Porque é com este equívoco que ele tem de se haver. Achar engraçado que um homem ignore de fato uma coisa, é de um cômico bem inferior, e indigno da ironia. Que há de cômico, no fundo, em que muita gente tenha vivido na ideia de que a terra estava imóvel – quando não sabiam mais? A nossa época, sem dúvida, fará por sua vez a mesma figura ao lado de uma época mais adiantada em física. A contradição é aqui entre duas épocas diferentes, sem coincidência profunda; é por isso que o seu contraste fortuito carece completamente de cômico. Eis contudo, pelo contrário, alguém que diz o que é o bem... e por consequência o compreendeu; e quando em seguida vai agir, vê-lo cometer o mal... que cômico infinito! E o cômico infinito deste outro, comovido até às lágrimas a ponto que com o suor elas lhe caem a cântaros, capaz de ler ou de escutar horas e horas o quadro da renúncia a si próprio, todo o sublime de uma vida sacrificada à verdade – e que um instante depois, um, dois, três, uma pirueta! Os olhos ainda mal secos, e ei-lo que já se esfalfa, segundo as suas pobres forças, a ajudar ao sucesso da mentira! E ainda o cômico infinito deste discursador, que, com a verdade do acento e do gesto, comovendo-se, comovendo-te, te faz calafrios pela sua pintura da verdade, e desafia todas as forças do mal e do inferno, com um aprumo de atitude, um topete do olhar, uma justeza do passo, perfeitamente admiráveis – e, cômico infinito, que ele possa quase logo, ainda com quase toda a sua atitude, escapulir-se como um covarde ao mais pequeno incidente! E o cômico infinito de ver alguém que compreenda toda a verdade, todas as misérias e pequenezas do mundo etc. que as compreenda e seja em seguida incapaz de as reconhecer! Porque, quase no mesmo instante, esse mesmo homem correrá a envolver-se nessas mesmas pequenezas e misérias, para delas tirar honras e vaidade, isto é, reconhecê-las. Oh! Ver alguém que jura ter-se dado conta de como Cristo caminhou sob a aparência humilde de um servo, pobre, desprezado, objeto de escárnio, e, como dizem as Escrituras, sob os escarros, e ver esse mesmo homem alapardar-se cuidadosamente nesses lugares do mundo, onde se está tão agradavelmente, anichar-se no melhor abrigo; vê-lo fugir com tanto receio como para salvar a sua vida, a sombra da direita ou da esquerda, da menor corrente de ar, vê-lo tão bem-aventurado, tão celestemente feliz, tão radioso – sim, para que nada falte ao quadro, é-o a tal ponto que a sua emoção o leva até agradecer a Deus – tão radioso pela estima e pela consideração universais! Quantas vezes não disse comigo, em tais ocasiões: "Sócrates! Sócrates! Sócrates! Será possível que este homem se dê conta daquilo de que ele afirma dar-se conta?". Assim dizia para comigo, desejando até que Sócrates não se tivesse enganado. Porque como que apesar de mim, o cristianismo quase me parece demasiado severo e a minha experiência se recusa ainda a fazer deste homem um tartufo. Decididamente, Sócrates, só tu mo explicas, fazendo dele um histrião, como que um alegre espertalhão; tu nem sequer ficas chocado, tu aprovas até que eu o sirva com molho cômico — sob reserva de o conseguir.

Sócrates! Sócrates! Sócrates! Tríplice apelo que bem poderia elevar até dez, se fosse de algum socorro. O mundo teria necessidade, segundo se supõe, de uma república, supõe-se haver necessidade de uma nova ordem social, de uma nova religião; mas quem julgará que é de um Sócrates que precisa este mundo perturbado por tanta ciência! Naturalmente, se alguém, se, sobretudo, vários o pensassem, sentir-se-ia menos a sua necessidade. O que mais falta quando nos extraviamos, é sempre aquilo em que não pensamos — evidentemente, porque pensá-lo seria encontrarmo-nos.

Seria pois necessária à nossa época, e é talvez a sua única necessidade, uma tal correção de ética e de ironia — porque se verifica ser a última das suas preocupações; em vez de ultrapassar Sócrates, já teríamos grande proveito em regressar ao seu *distinguo* entre compreender e compreender... e a regressar a ele, não como a uma absolvição final, brotando para nossa salvação da nossa pior miséria — porque cessa então a diferença entre as duas maneiras de compreender — mas como a um ponto de vista moral penetrando a nossa vida cotidiana.

A definição socrática salva-se pois pela maneira seguinte. Se alguém não pratica o justo, é também por falta de o ter compreendido; ele afigura-se-lhe apenas; se o afirma, extravia-se; se o reitera, praguejando por todos os diabos, não faz senão afastar-se até ao infinito pelo mais longo desvio. Mas é então Sócrates quem tem razão. O homem que se finge de justo, não peca, portanto; e se não peca, é por não o ter compreendido;

a verdadeira compreensão do justo depressa o levaria a fazê-lo, e ele seria em breve o eco da sua compreensão: *ergo* pecar é ignorar.

Mas em que ponto claudica então a definição? O seu defeito, e o socratismo, se bem que incompletamente, dá-se conta disso e evita-o, é a ausência de uma categoria dialética para passar da compreensão à ação. O cristianismo, esse, parte desta passagem; e ao longo dessa via embate com o pecado, mostra-o na vontade, e atinge o conceito do desafio; e para bem atingir então o fundo, acrescenta-se o dogma do pecado original — porque, ai de nós! O segredo da especulação, quando se trata de compreender, consiste precisamente em não tocar o fundo, em evitar sempre dar o nó no fio, e eis como, ó maravilha!, ela consegue coser indefinidamente, isto é, passar a agulha enquanto quiser. O cristianismo, pelo contrário, ata o último ponto pelo paradoxo.

Na filosofia das ideias puras, a qual não considera indivíduo real, a passagem é de absoluta necessidade (como aliás no hegelianismo, no qual tudo se realiza com necessidade), isto é, a passagem do compreender ao agir não tropeça em nenhum embaraço. Nisso está o helenismo (não em Sócrates, contudo, demasiado moralista para isso). E é igualmente esse, no fundo, todo o segredo da filosofia moderna, toda ela contida no *cogito ergo sum*, na identidade do pensamento e do ser; (ao passo que o cristão, esse, pensa: "Que vos seja dado segundo a vossa fé"[1] ou: tal fé, tal homem, ou: crer é ser). A filosofia moderna não é, como se vê, senão paganismo. Mas esse ainda é o seu mais pequeno defeito; e já não está muito mal com ser

---

1 Mateus, 9:29.

O desespero humano

parente próxima de Sócrates. O que nela é verdadeiramente o perfeito contrário do socratismo, é o tomar e fazer-nos tomar esse escamoteamento como cristianismo.

Pelo contrário, no mundo real em que se trata do indivíduo existente, não se evita essa minúscula passagem do compreender ao agir, nem sempre é possível percorrê-la *cito citissime*, ela não é – para falar alemão por falta de jargão filosófico – *geschwind wie der Winde*. Pelo contrário, começa aqui uma longa história.

A vida do espírito não tem paragens (nem tampouco, afinal, estado: tudo é atual); portanto, se um homem, no próprio segundo em que reconheça o justo, não o pratica, eis o que se produz: em primeiro lugar o conhecimento estanca. Resta saber em seguida o que pensa a vontade acerca do resíduo. A vontade é um agente dialético, que por sua vez determina toda a natureza interior do homem. Se ela não aceita o produto do conhecimento, nem por isso se põe a fazer o contrário daquilo que o conhecimento apreendeu, tais conflitos são raros; mas deixa passar algum tempo, abre-se um ínterim, e ela diz: ver-se--á até amanhã. Entretanto, o conhecimento obscurece-se cada vez mais, as partes inferiores da nossa natureza tomam uma supremacia cada vez maior; ai de nós! Porque é preciso fazer o bem imediatamente, mal se reconheça (e é por isso que na especulação pura é tão fácil a passagem do pensamento ao ser, porque aí tudo é dado antecipadamente), ao passo que para os nossos instintos inferiores, a tendência é para demorar, demoras que a vontade nem por isso detesta; ante as quais semicerra os olhos. E, quando se obscurece suficientemente, o conhecimento põe-se em mais completo acordo com a vontade; por fim é o acordo perfeito, porque aquele passou para o campo contrário e ratifica tudo o que esta arranja. Assim vivem talvez multidões de pessoas; trabalhando, como que insensivelmente, para obscurecer o seu juízo ético e ético-religioso, que os leva a decisões e consequências que reprova a parte inferior deles próprios; em lugar daqueles, desenvolvem em si um conhecimento estético e metafísico, o qual, para a ética, não é senão divertimento.

Mas ultrapassamos até aqui o socratismo? Não, porque Sócrates diria que, se tudo se passa assim, é a prova de que afinal o nosso homem não compreendeu o justo. Por outras palavras, para enunciar que alguém, sabendo-o, pratica o injusto, o helenismo carece de coragem e defende-se dizendo: quando alguém pratica o injusto, ignora o justo.

Sobre isso não existe dúvida; e acrescentarei não ser possível que um homem possa passar adiante, possa, sozinho e por si próprio dizer o que é o pecado, visto que vive nele; todos os seus discursos sobre o pecado não são, no fundo, senão a sua desculpa, uma atenuação pecadora. É por isso que o cristianismo começa de outro modo, pondo a necessidade de uma revelação de Deus, que instrua o homem sobre o pecado, mostrando-lhe que ele não está, em não compreender o justo, mas em não querer compreendê-lo, em não querer o justo.

Já quanto à distinção entre não *poder* e não *querer* compreender, Sócrates afinal nada esclarece, ao passo que é o grão-mestre de todos os ironistas, quando com o seu *distinguo* opera sobre compreender e compreender. Se não se pratica o justo, explica ele, é por incompreensão, mas o cristianismo vai um pouco mais longe, e diz: é pela recusa de compreender, o que por sua vez provém do recusar-se a querer o justo. E ensina em seguida que se pode praticar o injusto (é o verdadeiro desafio), se bem

O desespero humano

que se compreenda o justo, ou abster-se de praticar o justo, ainda que o compreendendo; em suma, a doutrina cristã do pecado, asperamente agressiva contra o homem, compõe-se de acusações sobre acusações, é o requisitório que o divino, como ministério público, toma a responsabilidade de intentar ao homem.

Mas esse cristianismo, dir-se-á, é ininteligível aos homens. Como se se tratasse de compreender com o cristianismo – escândalo pois para o espírito – é preciso crer. Compreender é do alcance humano, é a relação do homem com o homem. Mas crer é a relação do homem com o divino. Como explica o cristianismo este incompreensível, mas, plenamente consequente consigo próprio, de uma maneira não menos incompreensível, visto ele ser a salvação?

Para o cristão, pois, o pecado está na vontade e não no conhecimento; e esta corrupção da vontade ultrapassa a consciência do indivíduo. É a lógica em pessoa; caso não, seria necessário que para cada indivíduo nos perguntássemos como começou o pecado!

Voltamos a encontrar aqui o sinal do escândalo. O possível escândalo, é que se torna necessária uma revelação de Deus para instruir o homem sobre a natureza do pecado, sobre a profundidade das suas raízes. O homem natural, o pagão, pensam: "Seja! Confesso não ter compreendido tudo o que diz respeito ao céu e à terra, e já que por força é preciso uma revelação, que ela nos explique as coisas celestes; mas que também seja indispensável para nos explicar o que vem a ser o pecado, isso é o maior dos absurdos. Não me considero a perfeição, longe disso, mas visto que sei e estou disposto a confessar tudo o que dela me separa, como não saberia o que é o pecado!". Ao que o cristianismo replica: "Mas não; aí está o que tu sabes pior: a distância a que estás da perfeição é que é o pecado". É pois uma verdade cristã ser o pecado ignorância, ignorância da sua própria natureza.

A definição do pecado dada no capítulo anterior deve portanto completar-se assim: depois de urna revelação de Deus nos ter explicado a sua natureza, o pecado consiste, perante Deus, no desespero por não querermos ser nós próprios, ou no desespero por o querermos ser.

Capítulo III
Que o pecado não é uma negação, mas uma posição

Eis com efeito o que a dogmática ortodoxa e a ortodoxia em geral sempre sustentaram, rejeitando como panteísta qualquer definição do pecado que o reduza a uma simples negação, fraqueza, sensualidade, finitude, ignorância etc. A ortodoxia viu muito bem que é neste campo que tem de se travar o combate, ou, para retomar a nossa imagem, que é preciso dar o nó na linha; ela compreendeu que, a definir o pecado como uma negação, a posição cristã é insustentável. É por isso que ela tanto insiste sobre a necessidade da Revelação para ensinar ao homem decaído o que é o pecado, lição que para nós deve ser ponto de fé, visto que é um dogma. E, naturalmente, paradoxo, fé e dogma fazem entre si uma aliança que é o mais seguro sustentáculo e defesa contra toda a sabedoria pagã.

Isto pelo que diz respeito à ortodoxia. Por um estranho equívoco, uma dogmática, que se diz especulativa e sem dúvida se avizinha demasiado e perigosamente da filosofia, gabou-se

O *desespero humano*

de *compreender* esta doutrina segundo a qual o pecado é uma posição. Mas se ela o conseguisse, o pecado seria uma negação. O segredo de toda a compreensão é que o próprio ato de compreender ultrapassa sempre a posição que põe. O conceito põe uma posição, que nega o próprio fato de a compreender. Não sem que até certo ponto o constatassem, os nossos teólogos não conseguiram fugir à dificuldade – manobra bem pouco digna de uma ciência filosófica – senão encobrindo o seu movimento sob um véu de provas. Ainda que multiplicando-os cada vez mais solenes, e jurando que o pecado é uma afirmação, e que há panteísmo, racionalismo e Deus sabe o quê, em fazer dele uma negação... passa-se a querer compreender que o pecado é uma posição. Ou seja, que só o é até certo ponto, ficando ao alcance do entendimento.

E a duplicidade dos nossos teólogos manifesta-se ainda em outro ponto, que aliás diz respeito ao mesmo assunto. A definição do pecado, ou o modo de o definir, liga-se à do arrependimento. E terem descoberto a "negação da negação" pareceu-lhes tão tentador que a foram aplicar ao arrependimento, fazendo, desse modo, do pecado uma negação. Seria interessante de resto, ver um sóbrio pensador esclarecer se esta lógica pura, que lembra as primeiras relações da lógica com a gramática (duas negações valem uma afirmação) ou com as matemáticas, se esta lógica pura vale na ordem do real, no mundo das qualidades; se a dialética das qualidades não é uma outra dialética; se a "passagem" não tem aqui uma outra função. *Sub specie aeterni, aeterno modo*, etc. o sucessivo não existe, logo tudo é, e não haverá passagem. *Pôr* neste *medium* abstrato é pois *ipso facto* o mesmo que *anular*. Mas considerar deste modo o real frisa na verdade a loucura. Muito *in abstracto* também se

Søren Kierkegaard

pode dizer que o Perfeito se segue ao Imperfeito. Mas se, na realidade, alguém daí concluísse, como consequência automática e imediata, que um trabalho que não chegou a concluir (*imperfectum*) está concluído, não seria esse alguém um louco? Não se procede de outro modo com essa pretensa posição do pecado, quando o *medium* em que é posto é o pensamento puro.

Mas deixando de lado todos estes problemas, atenhamo-nos apenas ao princípio cristão de que o pecado é uma posição — não todavia como a um princípio inteligível, mas como um paradoxo no qual é necessário acreditar. Esse é o ponto de partida dos meus pensamentos. Revelar a contradição de todas as tentativas de compreender, é já colocar o problema na sua verdadeira luz, tão claro se torna então que é necessário deixar à fé o saber se se deve ou não crer. Admito (o que de modo algum é demasiado divino para ser compreendido), se se quer por força compreender e que não se possa achar bom senão aquilo que se dá ares de tudo compreender, que se considere estéril a minha atitude. Mas se o cristianismo só tem vida se for objeto de crença e não de compreensão, se for necessariamente *ou um ou outro* objeto de fé ou de escândalo: onde estará então o mérito de procurar, compreender? Havê-lo-á, ou não se tratará antes de insolência e leviandade, em querer compreender aquilo que não quer ser compreendido? Quando apetece a um rei viver incógnito e ser tratado estritamente como um particular, se houver quem ache mais elegante tratá-lo com uma deferência real, terá razão em fazê-lo? Ou o fazer como se quer em vez de se inclinar não será erguer a sua pessoa e a sua personalidade em face do desejo do rei? Que possibilidade haverá de lhe agradar, quanto mais se fizer por lhe testemunhar um respeito de súdito, se ele não quer ser tratado como rei? Que possibilidade

O desespero humano

haverá de lhe agradar, quanto mais se fizer para contrariar a sua vontade? Outros que louvem e admirem aquele que se dá ares de poder compreender o cristianismo: para mim, em uma época tão especulativa, na qual todos "os outros" tanto se agitam para compreender, é um dever profundamente ético, e que talvez exija muita abnegação, confessar que não temos o poder, nem tampouco o dever de compreender. Portanto, a necessidade provável da nossa época, dos cristãos de hoje, é precisamente de um pouco da ignorância socrática no que toca ao cristianismo e digo "socrática". Mas — e quão poucos na verdade o souberam ou pensaram! — não esqueçamos nunca que a ignorância de Sócrates era uma espécie de receio e de culto de Deus; que ela transpunha para grego a ideia judaica do terror de Deus, começo da sabedoria; que era por respeito da divindade que ele era ignorante, e, tanto quanto o podia um pagão, que guardava como um *juiz* a fronteira entre Deus e o homem, tratando de reforçar a diferença de qualidade entre eles por um fosso profundo, a fim de que Deus e o homem não se confundissem, como os confundiram *philosophice*, *poetice* etc. Eis a causa da ignorância de Sócrates, eis porque a divindade nele reconheceu o mais alto saber. Mas o cristianismo ensina--nos que toda a sua existência não tem outro fim senão a fé; por isso seria uma piedosa ignorância socrática o defender por ignorância a fé contra a especulação, velando por reforçar com um profundo fosso a diferença de natureza entre Deus... e o homem, como o fazem o paradoxo e a fé, a fim de que não se confundissem Deus e o homem, pior ainda do que no paganismo, como se fez *philosophice*, *poetice* etc. no sistema.

Não há portanto senão um ponto de vista possível para pôr às claras a natureza positiva do pecado. Na primeira parte, descrevendo o desespero, verificou-se sem cessar um crescimento, traduzido por um lado em um progresso da consciência do eu, por outro em um progresso de intensidade indo da passividade até ao ato consciente. Por sua vez, as duas traduções exprimiam conjuntamente a origem interior e não exterior do desespero, o qual se torna assim cada vez mais positivo. Mas segundo a definição dada mais acima, o pecado implicando o eu, elevado a uma infinidade de potência pela ideia de Deus, implica pois também o máximo de consciência do pecado como sendo um ato. É o que se exprime dizendo que o pecado é uma posição, e o que tem de positivo é precisamente o estar *perante Deus*.

Além disso tal definição de pecado contém ainda, em um sentido completamente diverso, a possibilidade do escândalo, o paradoxo, que se encontra com efeito como consequência na doutrina da Redenção. Em primeiro lugar, o cristianismo estabelece tão solidamente a natureza positiva do pecado, que a razão jamais o pode compreender; pois esse mesmo cristianismo se encarrega de eliminar em seguida esse positivo de maneira não menos ininteligível à razão. Os nossos teólogos, que se livram destes paradoxos com palavreado, limam-lhe as arestas para tornar assim tudo fácil: tiram um pouco da sua força ao positivo do pecado, coisa que aliás nada os adianta para compreender o *coup d'éponge* da remissão. Mas ainda aqui esse inventor de paradoxos que é o cristianismo permanece tão paradoxal quanto possível; trabalhando por assim dizer contra si, afirma tão solidamente a natureza positiva do pecado, que parece perfeitamente impossível eliminá-lo depois — ora é esse mesmo cristianismo que, pela Redenção, o eliminará de novo tão completamente, que o diríamos afogado no oceano.

O desespero humano

Apêndice ao Livro IV
Não será então o pecado uma exceção? (a moral)

Como foi observado na primeira parte, da intensidade do desespero provém a sua raridade neste mundo. Mas sendo o pecado desespero elevado a uma qualidade de potência ainda maior, qual deve ser então a sua raridade? Estranha dificuldade! O cristianismo subordina tudo ao pecado; nós procuramos expô-lo em todo o seu rigor: e eis-nos agora perante este resultado singular, principalmente singular, de que o pecado não existe sob essa forma no paganismo, mas apenas no judaísmo e no cristianismo, e, mesmo nestes, sem dúvida muito raramente.

E contudo, o fato, mas só em certo sentido, é completamente exato. "Ainda que instruídos por uma revelação de Deus sobre o que é o pecado, quando, perante Deus, desesperados, queremos, ou não queremos, ser nós próprios", pecamos... e é certo que não se vê muitas vezes um homem tão transparente para si próprio, que se possa aplicar-lhe esta fórmula.

Mas, que concluir disto? O caso merece atenção, pois estamos em uma encruzilhada dialética. De um homem ser só mediocremente desesperado, não se deduzia com efeito que não o fosse nada. Pelo contrário; e mostramos como a maioria dos homens vive no desespero, ainda que de um grau inferior. Mas nenhum mérito há, também, em tê-lo de um grau superior. Aos olhos da estética, pelo contrário, isso é uma vantagem, visto que só lhe interessa a força; mas para a ética, um grau superior de desespero afasta mais da salvação do que um inferior.

O mesmo sucede com o pecado. A vida da maior parte dos homens está, a considerá-la com uma indiferença dialética, tão afastada do bem (a fé), que é quase demasiado a-espiritual para se poder chamar pecado, quase demasiado mesmo para se chamar desespero.

É certo que não há mérito algum, longe disso, em ser um verdadeiro pecador. Mas como, por outro lado, conseguir achar uma consciência essencial do pecado (e é isso que o cristianismo quer) em uma vida tão cheia de mediocridade, a tal ponto decaída em macaqueação dos "outros" que é quase impossível considerá-la pecado, demasiado quase a-espiritual para ser assim designada, e, como dizem as Escrituras, não merecendo senão "ser vomitada"?

A questão não fica contudo resolvida assim, porque a dialética do pecado torna a apreendê-la de outra maneira. Como é possível que uma vida humana seja a tal ponto a-espiritual que pareça que o cristianismo se lhe torne inaplicável, como um macaco de que não podemos utilizar-nos (e o cristianismo levanta tal como um macaco) quando, em vez de terra firme, só há pântanos e charcos? Será uma fatalidade que é preciso suportar? Não, é da própria culpa do homem. Ninguém nasce a-espiritual; e, por numerosos que sejam aqueles que, à hora da morte, nada mais levem como resultado da sua vida... não é por culpa da vida. Mas digamo-lo sem hesitar, essa pretensa sociedade cristã (na qual, aos milhões, as pessoas são cristãs como se nada fosse, de modo que se contam, exatamente, tantos cristãos quantos nascimentos há) não é apenas uma mesquinha edição do cristianismo, crivada de gralhas extravagantes e de vazios ou acrescentes ineptos, constitui até um abuso em relação a ele: profana-o. Se em um pequeno país talvez só nasçam três poetas por geração, o que não falta são pastores, e a sua turba excede os empregos. Fala-se em vocação a propósito

O desespero humano

de um poeta, mas, aos olhos de um sem número de pessoas (cristãos, portanto!) basta um exame para se ser pastor. E contudo, contudo, um verdadeiro pastor é um acaso ainda mais raro do que um verdadeiro poeta, e contudo a palavra "vocação" é ordinariamente do domínio da religião. Mas, se se trata de ser poeta, nem por isso a sociedade deixa de ter apego à vocação, a ver nela grandeza. Pelo contrário, para a multidão (cristãos, portanto!) privada de qualquer ideia que eleve, ser pastor é, sem o menor mistério *in puis naturalibus*, um ganha-pão.

Ai de nós! A própria aventura desta palavra na cristandade simboliza todo o destino do cristianismo entre nós. A infelicidade não está em não se falar disso (como tampouco a infelicidade consiste em carecer de pastores); mas em falar de tal maneira, que a multidão acaba por não ligar nenhum pensamento à palavra (do mesmo modo que essa multidão dá tão pouca significação espiritual ao fato de se ser pastor como de se ser comerciante, notário, encadernador, veterinário etc. etc.), de tal modo que o sagrado e o sublime deixaram de impressionar e ouve-se mesmo tratá-los como coisas inveteradas, tornadas costume, Deus sabe como, a exemplo de tantas outras. Corno admirar-se que a nossa gente, depois disto — por não sentir defensável a sua própria atitude — sinta a necessidade de defender o cristianismo!

Mas seria preciso que os pastores fossem pelo menos crentes! E crentes que creiam! Mas crer é como amar, a tal ponto, que, no fundo, quanto ao entusiasmo, o mais apaixonado dos apaixonados faz figura de adolescente ao lado do crente. Olhai o homem que ama. Quem ignora que ele poderia, dia após dia, da manhã à noite e da noite à manhã, infindavelmente, falar do seu amor! Mas qual de vós iria supor que ele tenha ideia, poder de falar como a nossa gente! Que ele não abomine a ideia de provar em três pontos que o seu amor tem um sentido!... Quase como o pastor quando prova em três pontos a eficácia das orações, tanto elas têm baixado de preço que têm necessidade de três pontos para recuperar muito pouco de prestígio; ou ainda, o que é semelhante, mas um pouco mais risível, quando prove em três pontos que a oração é uma beatitude que ultrapassa o entendimento. Ó querido e inapreciável Anticlímax! Dizer que se prova por três razões uma coisa que supera o entendimento, por três razões que, a valerem um pouco mais que nada, não devem portanto superar o entendimento, mas, pelo contrário, provar-lhe à evidência que essa beatitude de modo algum o ultrapassa; como se, com efeito, as "razões" não tivessem de estar sempre ao alcance da razão! Mas quanto àquilo que supera o entendimento – e para aquele que nisso crê – essas três razões são tão vazias como, nas tabuletas das hospedarias, três garrafas ou três veados! Mas prossigamos: quem suporia ao apaixonado a ideia de defender a causa do seu amor, de admitir que esse amor não seja o seu absoluto, o Absoluto! Como crer que o tenha pensado ao mesmo tempo que nas objeções hostis, e que assim nasceu o seu discurso de defesa; isto é, como julgá-lo capaz ou nas vésperas de admitir que não está apaixonado, de se denunciar como não o estando? Ide propor-lhe para tomar tal atitude e é fatal que vos julgue louco, e se, além de apaixonado, for também um pouco psicólogo, podeis estar certo de que suspeitará o autor da proposição de nunca ter conhecido o amor, ou de querer conduzi-lo a trair, a renegar o seu... defendendo-o! Não estará nisto a prova terminante de que a um verdadeiro apaixonado, jamais passará pela cabeça a ideia de em três pontos provar o seu amor ou defendê-lo?!

O desespero humano

Visto que alguma coisa vale mais que todos esses pontos juntos e que qualquer defesa: ele ama. E quem prova e pleita, não ama, limita-se a fingi-lo, e, infelizmente — ou tanto melhor — tão tolamente o fez que apenas revela a sua falta de amor.

Ora, é exatamente assim que se fala do cristianismo — que falam os pastores crentes "defendendo-o", ou transpondo-o em "razões", se não é que o estragam a querer pô-lo especulativamente em "conceito"; é o que se chama pregar; e a cristandade tem já em grande estima essas formas de pregação... e os seus auditórios. Eis porque (isso aprova) a cristandade está tão longe de ser aquilo que se diz, e a maior parte dos cristãos carece a tal ponto de espiritualidade que não se pode sequer, no sentido estritamente cristão, considerar a sua vida como pecado.

Livro V
A continuação do pecado

O estado contínuo de pecado é um pecado a mais; ou, para usar uma expressão mais precisa e tal como adiante se desenvolverá, permanecer no pecado, é renová-lo, é pecar. Ao pecador talvez isto pareça exagerado, pois lhe custa reconhecer em qualquer outro pecado atual um novo pecado. Mas a eternidade, seu guarda-livros, é obrigada a inscrever o estado de pecado em que se está no passivo dos novos pecados. O seu livro tem apenas duas colunas e "tudo o que não vem da fé é pecado";[1] a falta de arrependimento após cada pecado é um novo pecado, e até cada um dos instantes em que esse pecado permanece sem arrependimento é um novo pecado. Mas como são raros os homens cuja consciência interior tem continuidade! Habitualmente a sua consciência é uma simples intermitência, que não se manifesta senão nas decisões graves, mas permanece fechada ao cotidiano; como espírito, o homem não existe durante mais de uma hora por semana... forma bem animal, evidentemente, da existência espiritual. A continuidade é contudo a própria

---

1 Epístola aos Romanos, 14:23.

essência da eternidade, e ela exige o mesmo do homem, isto é, quer que ele tenha consciência de ser espírito, e que creia. Pelo contrário, o pecador está a tal ponto em poder do pecado que, não suspeitando o seu alcance, nem sequer sabe que a sua vida inteira está no caminho da perdição. Ele não conta senão cada novo pecado, que lhe dá como que um novo impulso sobre a mesma via, como se, no instante anterior, não a seguisse já com toda a velocidade dos pecados anteriores. O pecado tornou-se-lhe tão natural, ou a tal ponto uma segunda natureza, que não encontra nada de anormal nos acontecimentos de cada dia, e só tem um breve recuo no momento de receber como que um novo impulso de cada novo pecado. Nessa perdição, em vez da verdadeira continuidade da eternidade: a do crente que se sabe perante Deus, não vê a da sua própria vida... a continuidade do pecado.

"A continuidade do pecado"? Mas não será o pecado precisamente o descontínuo? Eis-nos de novo ante a teoria de que o pecado é apenas uma negação, da qual nenhuma prescrição jamais poderá fazer uma propriedade, como tampouco uma prescrição pode dar direitos sobre bens roubados; que ele não é senão uma negação, uma impotente tentativa para se constituir, votada, através todos os suplícios da impotência, em um desesperado desafio, a jamais o conseguir. Sim, é a teoria dos filósofos; mas para o cristão o pecado (e nisto é preciso crer, pois que é o paradoxo, o ininteligível) é uma posição que por si própria se desenvolve, uma continuidade cada vez mais positiva.

E a lei de crescimento desta continuidade não é tampouco a mesma que rege uma dívida ou uma negação. Porque uma dívida não aumenta por não ser paga, mas somente quando

O desespero humano

mais uma se lhe acrescenta. O pecado, esse, aumenta em cada instante em que nele se permanece. O pecador tem tão pouca razão em só ver aumento do pecado a cada novo pecado, que, no fundo, para os cristãos, o estado no qual se permanece no pecado lhe é um acréscimo, é o novo pecado. Há até um ditado para dizer que pecar é humano, mas satânico preservar nele; forçoso é contudo ao cristão entendê-lo um pouco diferentemente. Não ter senão uma visão descontínua, não notar os novos pecados e saltar os intervalos, os espaços entre dois pecados, não é menos superficial do que supor, por exemplo, que um comboio só avança cada vez que se ouve arquejar a locomotiva. Contudo não é esse arquejar nem o impulso que se lhe segue, que de fato é preciso ver, mas a velocidade média, pela qual a locomotiva avança e que produz esse arquejar. Assim do pecado. O permanecer no pecado é o seu próprio fundo, os pecados singulares não são a sua continuação, mas, simplesmente, manifestam-no; cada novo pecado não faz senão tornar-nos mais sensível a sua velocidade.

Permanecer no pecado é pior do que cada pecado isolado, é o pecado por excelência. E é neste sentido, com efeito, que permanecer no pecado é continuar o pecado, é um novo pecado. Ordinariamente não se julga assim, pensa-se que um novo pecado é engendrado pelo pecado atual. Mas a razão, bem diversamente profunda, é que permanecer no pecado constitui um novo pecado. Por isso Shakespeare, mestre psicólogo, faz dizer a Macbeth (Ato III, cena 2) *Things bad begun make strong themselves by ill*. Isto é, que o pecado se engendra a si próprio como uma consequência, e que ainda ganha mais força nesta continuidade interior do mal. Mas jamais se pode chegar a esta conclusão considerando apenas os pecados isolados.

A maior parte das pessoas vive por demais inconscientes de si para suspeitar quais sejam as consequências; por falta do vínculo profundo do espírito, a sua vida, seja por encantadora ingenuidade infantil, seja por necessidade, não é mais do que uma mistura sem nexo de um pouco de ação, de acaso, de acontecimentos; vemo-las umas vezes praticar o bem, depois fazer mal; umas vezes o seu desespero dura uma tarde, outras se prolongam durante três semanas, e ei-las prazenteiras, e logo desesperadas por mais um dia. A vida é para elas uma espécie de jogo em que se entra, mas não chegam nunca a arriscar tudo, nunca ela se lhes representa como uma consequência infinita e fechada. Por isso não falam nunca senão acerca de atos isolados, tal ou tal boa ação, tal falta.

Qualquer existência, dominada pelo espírito, está sujeita a uma sequência interior, sequência de origem transcendente, que depende pelo menos de uma ideia. Mas, em uma tal vida, o homem por sua vez receia infinitamente, por uma ideia infinita das consequências possíveis, qualquer ruptura da sequência; não corre ele o risco de ser arrancado a essa totalidade que suporta a sua vida? A menor inconsequência representa uma perda enorme, visto ele perder o encadeamento; é talvez desfazer um momento o encanto, esgotar esse poder misterioso que ligava todas as forças em uma harmonia única, fazer saltar a mola; arruinar tudo, talvez, para maior suplício do eu, em um caos de forças em revolta intestina, de onde se terá esvaído todo o acordo interior, toda a franca velocidade, todo o *impetus*. O admirável mecanismo, que à sequência devia toda a facilidade de movimentos da sua relojoaria de aço, tanta energia dúctil, ei-lo desarranjado; e quanto mais esplêndido, mais grandioso era o mecanismo, tanto maior é a sua confusão.

O desespero humano

O crente, cuja vida inteira repousa sobre o encadeamento do bem, tem um receio infinito mesmo do menor pecado, visto se arriscar a perder infinitamente, ao passo que os homens do espontâneo, que não saem do pueril, não têm totalidade a perder, as perdas e ganhos nunca são para eles mais do que parcialidade, particularidade.

Mas com consequência não inferior à do crente, o demoníaco obstina-se, por seu lado, no encadeamento interior do pecado. Semelhante ao ébrio, dia após dia vai mantendo a embriaguez, com receio à parada, ao langor que então se produziria e dos seus possíveis resultados, se permanecesse sem beber um dia inteiro. Exatamente, aliás, como o homem de bem, se o fossem tentar pintando-lhe o pecado sob uma forma atraente; a sua resposta suplicante seria: "Não me tenteis!" Assim também o demoníaco daria exemplos do mesmo medo. Em face de um homem de bem, mais forte no seu campo do que ele, e, que viesse descrever-lhe o bem na sua beatitude, o demoníaco é bem capaz de lhe implorar, em lágrimas, que não lhe fale, que, como ele diz, não tente enfraquecê-lo. Porque é a sua continuidade interior e a sua continuidade no mal que fazem com que também ele tenha uma totalidade a perder. O desvio de um segundo fora da sua sequência, uma só imprudência de regime, um só olhar distraído, por um só instante, o ter uma outra visão do conjunto ou só de uma parte: e é o risco, como ele diz, de jamais voltar a ser ele próprio. É certo que renunciou ao bem, desesperado, e que dele não espera mais auxílio, faça o que fizer; mas esse bem não poderia vir ainda perturbá-lo? Impedi-lo para sempre de reatar o pleno impulso do encadeamento, em suma, enfraquecê-lo? Só na continuidade do pecado é ele próprio, só nela vive e se sente viver. Que dizer a isto senão que a permanência, a estabilidade no pecado ainda é o que, no fundo da sua queda, o sustenta, pelo diabólico reforço da sequência; não é o novo pecado, distinto, que (sim, demência horrível!) o ajuda; o novo pecado, distinto, apenas manifesta a continuidade no pecado, e é esta que é, propriamente, o pecado?

A "continuação do pecado", visa portanto menos os novos pecados isoladamente do que o estado contínuo de pecado, o que é ainda uma elevação de intensidade do pecado por si próprio, uma persistência consciente no estado de pecado. A lei de condensação do pecado marca pois, aqui como em toda a parte, um movimento interior para uma sempre maior intensidade de consciência.

Capítulo I
O pecado de desesperar do seu pecado

O pecado é desespero, e o que eleva a sua intensidade é o novo pecado de desesperar do seu pecado. Facilmente se vê que é isso o que se entende por elevação de intensidade; não se trata de um outro pecado, como, após um roubo de cem, um outro de mil rixdales. Não, não se trata aqui de pecados isolados; o estado contínuo de pecado é o pecado, e esse pecado intensifica-se na sua nova consciência.

Desesperar do seu pecado significa que este se encerrou na sua própria consequência e não quer sair daí. Recusa-se a qualquer contato com o bem, receia a fraqueza de escutar por vezes uma outra voz. Não, ei-lo decidido a só se escutar a si, a não conviver senão consigo, a fechar-se no seu eu, a enclausurar-se por detrás de uma nova muralha, enfim, a garantir-se pelo desespero do seu pecado contra qualquer surpresa ou perseguição por parte do bem. Tem consciência de ter cortado todas as pontes atrás de si, e de estar assim inacessível ao bem como o bem está a ele; a ponto que, embora em um momento de fraqueza o quisesse, voltar atrás lhe seria impossível. Pecar é afastar-se do bem: mas desesperar do pecado, é um segundo abandono, e que, como de um fruto, espreme do pecado as últimas forças demoníacas; então, nesse endurecimento ou inteiriçamento infernal, levado na sua própria sequência, obriga-se, não só a ter como estéril e vão a tudo o que seja arrependimento e perdão, mas ainda a ver nisso um perigo, contra o qual, em primeiro lugar, precisa armar-se, exatamente como faz o homem de bem contra a tentação. Nesse sentido, Mefisto, no *Fausto*, diz certo ao afirmar que não há pior miséria do que a de um diabo que desespera; visto que o desespero, neste caso, não é senão uma fraqueza que dá ouvidos ao arrependimento e ao perdão. Para caracterizar a intensidade de potência a que se eleva o pecado, quando dele se desespera, poderia dizer-se que se começa por renegar o bem, e se acaba por renegar o arrependimento.

Desesperar do pecado é tentar manter-se caindo cada vez mais; como o aeronauta que se apressa a largar o lastro e, assim desesperado, obstina-se todo o bem para fora (sem compreender que é um lastro que eleva, quando conservado), e cai, julgando subir – e é certo que, também, cada vez se torna mais leve. O pecado por si só é a luta do desespero; mas, esgotadas as forças é preciso uma nova elevação de potência, uma nova compressão demoníaca sobre si próprio; e é o desespero do pecado. É um progresso, um crescimento do demoníaco que, evidentemente, nos mergulha, nos afunda no pecado. É uma tentativa para dar ao pecado um interesse, para torná-lo uma potência, dizendo que as sortes estão lançadas para sempre, e que se permanecerá surdo a qualquer ideia de arrependimento e perdão. O desespero do pecado não se ilude, contudo, com o seu próprio nada, sabendo bem, que nada mais tem de que possa viver, nada mais, a própria ideia do seu eu sendo nada para ele. É o que, como grande psicólogo, diz o próprio Macbeth, depois de ter assassinado o rei e desesperando agora do seu pecado:

> *Theres nothing serious in mortality:*
> *All is but toys: renown and grace is dead.*
>
> (Ato II, cena I)

O magistral de tais versos está na dupla intenção das palavras *renown* e *grace*. Pelo pecado, isto é, desesperando do pecado, está ao mesmo tempo a infinita distância da graça... e dele próprio. O seu eu, só egoísmo, culmina em ambição. Ei-lo rei e, contudo, desesperando do seu pecado e da realidade do arrependimento, isto é, da graça, e mesmo, acaba de perder o seu eu; incapaz de por si próprio o sustentar, está exatamente tão longe de o poder gozar na ambição como de obter a graça.

Na vida (a encontrar-se nela, de fato, o desespero do pecado; encontra-se todavia um estado assim designado pelos homens), tem-se, habitualmente, uma maneira de ver errônea, sem dúvida porque não nos mostrando o mundo senão leviandade, irreflexão, qualquer manifestação um pouco mais profunda nos impressiona e nos faz tirar respeitosamente o chapéu. Seja por brumosa ignorância de si próprio ou do que indica, seja por verniz de hipocrisia, ou graças à sua habitual astúcia e sofística, o desespero do pecado não detesta dar-se

O desespero humano

a aparência de ser o bem. Pretende-se então ver nele o sinal de uma natureza profunda, que toma naturalmente muito a sério o seu pecado. Um homem, por exemplo, entregou-se a qualquer pecado, depois, resistiu por muito tempo à tentação e acabou por vencê-la... Após o que, se torna a cair e cede, a perturbação que o invade nem sempre é desgosto por ter pecado. Pode ter origem bem diferente, ser também uma irritação contra a Providência, como se tivesse sido ela a abandoná-lo, ela que não devia tê-lo tratado com tal dureza, pois que ele resistira durante tanto tempo. Mas não será raciocinar efeminadamente, aceitar de olhos fechados esse desgosto, passar por cima do equívoco incluso em toda a paixão, expressão dessa fatalidade que faz com que o homem apaixonado até à loucura possa aperceber-se, posteriormente, de ter dito o contrário do que julgara dizer! Esse homem protestará, talvez, com palavras cada vez mais fortes, toda a tortura da sua recaída, e como ela o levou de novo ao desespero. "Nunca mo perdoarei", diz ele. Tudo isso para mostrar todo o bem que nele existe, e como a sua natureza é profunda. Ora tudo isso é mistificação. Inseri de propósito, na minha descrição, o "nunca mo perdoarei" precisamente uma das expressões que se ouvem em tais circunstâncias. Nunca mais poderá perdoar-se tal coisa... mas se Deus o quisesse fazer, terá ele, ele próprio, a maldade de não se perdoar? Na realidade, o seu desespero do pecado – sobretudo quando emprega os maiores esforços para se denunciar (sem que de modo algum pense o que diz), quando diz que "nunca se perdoará" de ter podido pecar assim (palavras quase ao invés da humilde contrição que pede a Deus o perdão) – o seu desespero indica tão pouco o bem que, pelo contrário, indica insensatamente o pecado, cuja intensidade provém de

143

que nele se atola. De fato, era quando resistia à tentação, que supôs tornar-se melhor do que realmente é; tornou-se orgulhoso, e o seu orgulho está agora interessado em que o passado se tenha esvaído completamente. Mas a sua recaída renova de repente esse passado, torna-o atual. Recordar intolerável ao seu orgulho, daí esse profundo entristecer etc. Tristeza que evidentemente volta as costas a Deus, que não é senão uma dissimulação de amor-próprio e de orgulho. Quando deveria, antes de mais, dar-lhe graças, humildemente, por ter socorrido tão longamente a sua resistência, e confessou-lhe em seguida, e a si próprio, que tal socorro já excedia o seu mérito.

Nisto, como em tudo, a explicação dos velhos textos edificantes transborda de profundidade, de experiência, de instrução. Ensinam eles que Deus permite às vezes ao crente um passo em falso, e a queda em qualquer tentação... a fim, precisamente, de o humilhar e assim mais o fortalecer no bem; o contraste da sua recaída com os seus progressos no bem, consideráveis talvez, é uma tamanha humilhação! E constatar-se idêntico a si próprio é-lhe tão doloroso! Quanto mais o homem se eleva, mais sofre quando peca. Talvez, com o desgosto, soçobrasse na mais negra tristeza... e o tolo de um diretor de consciência seria então capaz de admirar a sua profundeza moral, todo o poder do bem sobre ele... como se fosse o bem! E a sua mulher, a pobre! Como ela se, sente humilhada junto de tal marido, sério e temente a Deus, tão desgostado pelo pecado! Talvez ele diga coisa mais enganadora ainda, talvez que em vez de dizer: jamais mo poderei perdoar (como se já se tivesse perdoado pecados a si próprio: pura blasfêmia), talvez diga simplesmente que Deus jamais poderá perdoar-lhe. Ai dele! Mesmo aqui continua a iludir-se. O seu desgosto, a sua

O desespero humano

preocupação, o seu desespero? Simples egoísmo (como essa angústia do pecado, à qual é a própria angústia que conduz, por que ela é amor-próprio que quer orgulhar-se de si, ser sem pecado...) e a consolação é a sua menor necessidade, e é por isso que as imensas doses de consolação que administram os diretores de consciência só servem para agravar o mal.

Capítulo II
O pecado de desesperar quanto à[2] remissão dos pecados (o escândalo)

Aqui a consciência do eu eleva-se a um maior poder pelo conhecimento de Cristo, aqui o eu está perante Cristo. Após o homem ignorante do seu eu eterno, depois do homem consciente de um eu que tem alguns vestígios de eterno (na primeira parte), mostrou-se (passando à segunda parte) que todos eles eram redutíveis ao eu cheio de uma ideia humana de si próprio e comportando em si à sua própria medida. A isto se opunha o eu em face de Deus, base da definição do pecado.

Eis, agora, um eu perante Cristo — um eu que, mesmo aqui, desesperado, não quer, ou quer ser ele próprio. Desesperar quanto à remissão dos pecados é, com efeito, redutível a uma ou outra das fórmulas do desespero: desespero-fraqueza ou desespero-desafio; por escândalo o primeiro não ousa crer, o segundo recusa-se. Mas fraqueza e desafio são aqui precisamente o contrário do que costumam ser. O desespero no qual alguém se recusa a ser ele próprio é fraqueza de hábito, mas

---

2 Notar a diferença entre: desesperar *do* seu pecado e desesperar *quanto ao*. Ver a explicação na p.82, nota.

aqui é o contrário; visto que, efetivamente, é desafio recusar-se a ser o que se é, um pecador, e aproveitar-se disso para se dispensar da remissão dos pecados. O desespero no qual alguém quer ser ele próprio é desafio de hábito, mas aqui é o contrário, pois é-se fraco querendo, por desespero, ser si próprio, querendo ser pecador a ponto de não admitir o perdão.

Um eu em face de Cristo é um eu elevado a uma altitude, a uma potência superior, pela imensa concessão de Deus, a imensa acepção de que Deus o investiu, tendo querido, para ele também, nascer e ser homem, sofrer e morrer. A nossa fórmula precedente, sobre o crescimento do eu, quando cresce a ideia de Deus, vale igualmente aqui: quanto mais aumenta a ideia de Cristo, mais o eu aumenta. A sua qualidade depende da sua medida. Dando-nos Cristo como medida, Deus mostrou-nos à evidência até onde vai a imensa realidade de um eu; porque só em Cristo é verdade que Deus é a medida do homem, a sua medida e o seu fim. Mas com a intensidade do eu aumenta a do pecado.

Também se pode demonstrar de outro modo a elevação de intensidade do pecado. Viu-se em primeiro lugar que o pecado era desespero; e que a sua intensidade se elevava pelo desespero do pecado. Mas Deus oferece-nos então a reconciliação remindo as nossas culpas. Contudo o pecador desespera e a expressão do seu desespero torna-se ainda mais profunda; ei-lo, se assim pode dizer-se, em contato com Deus, mas por estar ainda mais afastado dele. O pecador, desesperando da remissão dos pecados, quase parece querer aproximar-se o mais possível de Deus; pois não é este o tom do diálogo: "Mas não, os pecados não são remidos, é impossível", não se diria uma luta corpo a corpo! E, contudo, é preciso que o homem se afaste ainda mais de Deus, e dê um passo que transforme a sua natureza, para assim lhe poder falar, e ser ouvido; para assim lutar, *cominus*, é preciso que seja *eminus*; tal é a extravagância acústica do mundo espiritual, o bizarro das leis que regulam as distâncias! É desde a maior distância de Deus que o homem lhe pode fazer ouvir não! O homem nunca é tão familiar com Deus como quando está longe dele, familiaridade que só pode nascer do próprio afastamento! Na vizinhança de Deus, não se pode ser familiar, e a sê-lo, é sinal de que se está longe. Tal é a impotência do homem em face de Deus! A familiaridade com os grandes da terra faz correr o risco de se ser atirado longe deles; mas não se pode ser familiar com Deus senão afastando-se dele.

Ordinariamente, os homens têm uma opinião errada sobre este pecado (desesperar da remissão), sobretudo depois que se suprimiu a moral, e não se ouve senão raramente, ou nunca, uma vã palavra moral. Para a estética metafísica que hoje reina, o desesperar da remissão dos pecados é sinal de uma natureza profunda, um pouco como se se quisesse ver nas malícias de uma criança um sinal de profundeza. Aliás, reina uma linda desordem no terreno religioso, desde que das relações do homem com Deus se suprimiu o seu único regulador, o "Tu deves", impossível de dispensar para determinar seja o que for da existência religiosa. Em vez dele, vencendo a fantasia, utilizou-se a ideia de Deus como um condimento da importância humana, para se fazer de importante perante Deus. Como em política, onde se arranja importância colocando-se na oposição, a ponto que por fim, se deseja um governo para encontrar alguma coisa a que se opor, tal como se acabará por não querer suprimir Deus... apenas para se encher de mais importância do estar na oposição. E tudo o que outrora era tomado como ímpia obstinação passa agora por genial, por sinal de profundeza. "Deves *crer*", dizia-se outrora, muito simplesmente, sem sombra de romantismo – agora dizer que isso é impossível é genial e profundo. "Deves crer na remissão dos pecados", e como único comentário deste texto, acrescentava-se outrora: "Cairá sobre ti uma grande infelicidade, se o não puderes; porque se pode aquilo que se deve" – agora é genial e profundo não o poder crer. Lindo resultado para a cristandade! Se se calasse o cristianismo, os homens seriam tão cheios de si? Certamente que não, como nunca o foram no paganismo, mas a trazer assim acristamente as ideias cristãs por toda a parte, o seu emprego torna-se da maior irreverência, quando não se faz dele um uso de outra espécie, mas não, menos vergonhoso. De fato, que epigrama: a blasfêmia que não existia nos costumes pagãos, estar como em sua casa na boca dos cristãos! E ao passo que os pagãos, com uma espécie de horror, de medo ao mistério, não nomeavam em geral Deus senão com toda a solenidade, que epigrama que entre os cristãos o seu nome seja a mais corrente das palavras de todos os dias, e inquestionavelmente a palavra mais vazia de sentido, e a que se usa com menos cautela, porque esse pobre Deus, na sua evidência (o imprudente! O desastrado! Ter-se manifestado, em vez de se conservar escondido, como fazem as pessoas de *élite*) é, atualmente, tão conhecido como o lobo branco. Assim, ir de vez em quando à igreja é prestar-lhe um grande serviço, o que vale também os louvores do pastor, o qual em nome de Deus agradece tê-lo honrado com a visita e concede o título de homem piedoso, ao mesmo tempo que dá uma ferroada àqueles que não dão nunca a Deus a honra de passar o limiar da sua casa.

O desespero humano

O pecado de desesperar da remissão dos pecados é o *escândalo*. Os judeus, neste ponto, tinham muita razão para se escandalizar de Cristo querer remir os pecados. Quanta falta de elevação (normal, de resto, nos nossos cristãos) é necessária, quando não se é crente, para não se escandalizar de que um homem queira perdoar os pecados! E que falta de elevação não menos lamentável, para não se escandalizar de que o pecado possa ser remido! Para a razão humana é a maior impossibilidade — sem que com isto eu queira elogiar a genialidade de não o poder crer; porque *deve* ser crido.

Um pagão, naturalmente, não podia cometer esse pecado. Pudesse ele (e nem sequer o podia, não tendo a ideia de Deus) ter a verdadeira ideia do pecado, que nem assim poderia ter ido além do desespero do seu pecado! E, o que é mais (e é essa toda a concessão a fazer à razão e ao pensamento humano) deveria tecer-se louvores ao pagão que na verdade conseguisse, não desesperar do mundo, nem de si, no sentido largo, mas do seu pecado. A empresa requer, para ser bem-sucedida, profundeza de espírito e dados éticos. Nenhum homem, como homem, pode ir mais longe, e raramente se vê alguém chegar aí. Mas tudo muda com o cristianismo; pois que, cristão, tu deves crer na remissão dos pecados.

Mas, sob este último ponto de vista, qual é o estado da cristandade? Pois bem! No fundo ela desespera da remissão dos pecados, neste sentido, contudo, de quem nem sequer conhece o seu estado. Nem sequer atingiu a consciência do pecado, não reconhece senão a espécie de pecado que já o paganismo reconhecia, vive alegre e contente em uma pagã segurança. Mas viver na cristandade é já ultrapassar o paganismo, e os nossos cristãos vão até gabar-se de que o seu sentimento de segurança não é senão — pois como o seria na cristandade! — a consciência que eles têm da remissão dos pecados, convicção que os pastores reforçam nos fiéis.

A infelicidade principal dos cristãos de hoje é, afinal, o cristianismo, é que o dogma do homem-deus (mas no sentido cristão, garantido pelo paradoxo e pelo risco do escândalo), à força de ser pregado e repregado, foi profanado, é que uma confusão panteísta substituiu (em princípio na aristocracia filosófica, depois na plebe das ruas) a diferença de natureza entre Deus e o homem. Jamais uma doutrina humana aproximou, de fato, tanto como o cristianismo, Deus e o homem; nenhuma aliás o teria podido. Pessoalmente é Deus o único a podê-lo — que é a invenção humana senão sonho, ilusão precária! Mas jamais uma doutrina se defendeu com tanto cuidado contra a mais atroz das blasfêmias, a de, após Deus se ter feito homem, profanar o seu ato, como se Deus e o homem fossem um só — jamais uma doutrina fugiu tanto disso como o cristianismo, cuja defesa é o escândalo. Ai dos frouxos discursadores, dos superficiais pensadores! Ai da sua sequela de discípulos e turiferários!

Se se quer ordem na vida — e não será o que Deus quer, ele que não é um Deus da desordem? — que se vele sobretudo a fazer de cada homem um isolado. Desde que se deixa aos homens reunir-se naquilo a que Aristóteles chama uma categoria animal: a multidão; e desde que essa abstração (que é contudo menos que nada, menos que o mais insignificante indivíduo) é tida como alguma coisa: então pouco tempo é preciso, para que a divinizem. Então se chega *philosophice* a modificar o dogma do homem-deus. Assim como a multidão soube, em diversos países, impor-se ao rei e a imprensa aos ministros, assim se acaba por descobrir que a soma de todos os homens, *summa summarum*, impõe respeito a Deus. E aí está ao que se chama a doutrina do homem-deus, identificando o homem a Deus. Está claro que vários filósofos, depois de se terem interessado pela propaganda desta doutrina da preponderância da geração sobre o indivíduo, dela se afastarem desgostados, quando a dita doutrina se inferiorizou até deificar a multidão. Mas esses mesmos filósofos esquecem que tal doutrina é afinal a sua, sem ver que, quando a *élite* a adotava e uma igreja de filósofos era como que a sua encarnação, ela, não era menos falsa.

Em suma, o dogma do homem-deus tornou os cristãos insolentes. É um pouco como se Deus tivesse sido demasiado fraco, como se tivesse tido a sorte do debonário, pago com ingratidão por excesso de concessões. Foi ele quem inventou o dogma do homem-deus, e eis que os cristãos, por uma descarada reversão de relações, se põem em pé de parentesco com ele; de modo que a sua concessão tem aproximadamente o mesmo sentido que a outorga de uma carta constitucional... e sabe-se bem o que é: "não tinha outro remédio senão aceitá-la!...". É como se fosse Deus que se tivesse colocado em uma situação difícil; e que os maliciosos tivessem razão em lhe dizer: "A culpa é tua, para que te puseste em tão boas relações com os homens!" De outro modo, quem teria sonhado, quem teria a ousadia de pretender essa igualdade entre Deus e o homem? Mas foste tu quem a proclamou, e agora colhes o que semeaste.

Contudo, o cristianismo, desde o seu começo, tomou as suas precauções. Parte da doutrina do pecado, cuja categoria é precisamente a do individual. O pecado não é objeto de pensamento especulativo. Com efeito, o indivíduo está sempre abaixo do conceito; não se pensa um indivíduo, mas sim apenas o seu conceito. Logo os nossos teólogos se precipitaram sobre a doutrina da *preponderância* da geração sobre o indivíduo: porque fazer-lhes confessar a impotência do conceito em face do real, isso seria pedir-lhes demasiado. Como não se pensa um indivíduo, tampouco se pode pensar um pecado individual; pode-se pensar o pecado (que se torna então uma negação), mas não um pecador isoladamente. Mas é isso mesmo que tira ao pecado toda a seriedade, se nos limitarmos a pensá-lo. Porque o que é sério, é sermos, vós e eu, pecadores; não é o pecado geral que é sério, mas o *acento* recaindo sobre o pecador, isto é, sobre o indivíduo. Com respeito a este último, a especulação, para ser consequente, deve ter em grande desprezo o fato de se ser um indivíduo, isto é, ser o que não é pensável, e para tentar ocupar-se dele, devia dizer-lhe: para que perdes tempo com a tua individualidade, trata de a esquecer; ser um indivíduo nada é; mas pensa... e serás então toda a humanidade, *cogito ergo sumo*. Mas se até isso fosse mentira! E que pelo contrário o indivíduo, a existência individual, fossem a coisa suprema! Façamos de conta que não. Mas, para não se contradizer, a especulação devia acrescentar: ser um pecador particular, mas que vem a ser isso? É inferior ao conceito, não percas tempo com tal coisa etc. E em seguida? Em vez de se ser um pecador particular, seria necessário pôr-se a, pensar o pecado? E em seguida? Por acaso, pensando o pecado, não irá tomar-se em "o pecado" personificado — *cogito ergo sum*? Belo achado! Era todo o caso, não se corre o risco de encarnar o pecado, o pecado puro... porque este último, precisamente, não se deixa pensar. Pontos que nos deviam conceder os nossos próprios teólogos, visto que é pecado e, de fato, uma decadência do conceito. Mas para não disputar mais e *concessis*, passemos à dificuldade principal, que é bem diferente. A especulação esquece que, a propósito

O *desespero humano*

do pecado, não se evita a ética, a qual visa sempre ao oposto da especulação e progride em sentido contrário; porque a ética, em vez de fazer abstração do real, prende-nos a ele e está na sua essência operar sobre o individual — essa categoria tão desprezada e abandonada pelos nossos filósofos. O pecado depende do indivíduo; é leviandade e novo pecado fazer como se ser um pecador individual não fosse nada... quando esse pecado somos nós próprios. Neste ponto, o cristianismo interrompe com um sinal da cruz o caminho da filosofia. A seriedade do pecado é a sua realidade no indivíduo, em vós ou em mim; a teologia hegeliana, forçada a afastar-se sempre do indivíduo, não pode falar do pecado senão levianamente. A dialética do pecado segue vias diametralmente opostas à da especulação.

Ora, é daqui que parte o cristianismo, do dogma do pecado, logo do indivíduo.[3] Embora nos tenha ensinado o homem--deus, a semelhança do homem e de Deus, nem por isso passa a odiar com menos força tudo o que é familiaridade impertinente. Pelo dogma do pecado, do isolamento do pecador, Deus e Cristo tomaram para sempre, e cem vezes melhor do que um rei, as suas precauções contra tudo que é povo, populaça, mul-

---

3 Notemos que o desespero do pecado, que nunca para de ser dialético, aqui é entendido como movimento em direção à fé. Porque se essa dialética existe (embora este escrito trate do desespero apenas como um mal), é o que nunca devemos esquecer pela boa razão de que o desespero também é o elemento inicial da fé. Pelo contrário, quando o desespero do pecado vira as costas à fé, a Deus, ele é o novo pecado. Tudo é dialético na vida espiritual. Assim, o escândalo é bem um elemento da fé; mas se ele vira as costas à fé, ele é pecado. Podemos censurar alguém de não poder mesmo se escandalizar do cristianismo. Mas sublinhar esta afronta é falar do escândalo como de um bem. E, por sua vez, deve-se reconhecer que o escândalo é pecado. (N. E. B.)

tidão, público etc. idem contra qualquer pedido de uma Carta mais livre. Esse bando de abstrações não existe para Deus; para ele, encarnado no seu filho, só existem indivíduos (pecadores)... Deus, contudo, pode muito bem compreender em um só olhar a humanidade inteira, e mesmo, ainda por cima, cuidar dos pardais. Deus é em tudo um amigo da ordem, e é para esse fim que ele próprio está presente, é, em toda a parte e sempre (coisa que o catecismo assinala como um dos seus títulos nominativos, e em que o espírito dos homens pensa vagamente, por vezes, mas sem que tente pensá-lo sem cessar), a ubiquidade. O seu conceito não é como o do homem, sob o qual o individual se situa como realidade irredutível; não, o conceito de Deus abraça, compreende tudo, caso não Deus não o teria. Porque Deus não se contenta com um resumo, ele "compreende" (*comprehendit*) a própria realidade, todo o particular ou o individual; para ele o indivíduo não é inferior ao conceito.

A doutrina do pecado, do pecado individual, do meu, do vosso, doutrina que dispersa sem apelo "a multidão" assegura a diferença de natureza entre Deus e o homem mais firmemente do que jamais se conseguiu... e só Deus o pode fazer; não está o pecado *perante Deus* etc.?

Nada distingue melhor o homem de Deus do que o fato de ser um pecador, coisa que todo o homem é, e de o ser "perante Deus"; eis, evidentemente, o que mantém os contrastes, isto é, o que os retém (*continentur*), os impede de afrouxar, e, devido a isso, ainda melhor sobressai a diferença, como quando se justapõem duas cores, *opposita juxta se posita magis illucescunt*. O pecado é o único predicado humano inaplicável a Deus, nem, *via negationis*, nem *via eminentiae*. Dizer de Deus (como se diz que não é finito, o que, *via negationis*, significa a sua infinidade) que não peca, é uma blasfêmia. Um abismo aberto separa de Deus a natureza deste pecador que é o homem. E o mesmo abismo, naturalmente, separa em compensação Deus do homem, quando Deus faz a remissão dos pecados. Supondo que – coisa impossível – uma espécie de assimilação em sentido inverso pudesse transferir o divino ao humano, um ponto, um único, o perdão dos pecados, eternamente faria que o homem diferisse de Deus.

É aqui que o escândalo culmina, o escândalo que quis esse mesmo dogma que nos ensinou a semelhança de Deus e do homem.

Mas é pelo escândalo que principalmente se manifesta a subjetividade, o indivíduo. Sem dúvida que o escândalo sem escandalizado é um pouco menos impossível de conceber que um concerto de flauta sem flautista; mas até um filósofo me confessaria a irrealidade, mais ainda do que do amor, do conceito do escândalo e que ele não se torna real senão quando há alguém, quando há um indivíduo que se possa escandalizar.

O escândalo está portanto ligado ao indivíduo. É daí que parte o cristianismo; ele faz de cada homem um indivíduo, um pecador particular, e depois junta tudo aquilo que, entre o céu e a terra, se encontra de possibilidade de escândalo: eis o cristianismo. Então ordena que creia a cada um de nós, isto é, diz-nos: escandaliza-te ou crê. Nem mais uma palavra; é tudo. "Agora, tenho dito", diz Deus nos céus, "voltaremos a falar na eternidade; até lá, está em ti o fazer o que quiseres, mas o Juízo Final espera-te".

Um julgamento! Ah, sim! Nós bem sabemos, por sabê-lo de experiência, que em uma rebelião de soldados ou de marinheiros, os culpados são tantos, que não se pode pensar em castigar; mas quando é o público, ou quando é o povo, não somente não há crime, mas no dizer dos jornais, nos quais podemos crer como se fossem o Evangelho ou a Revelação, é a vontade de Deus. Por que esta modificação? Porque a ideia de julgamento não corresponde senão ao indivíduo, porque não se julgam *massas*; podem massacrar-se, inundar-se com água, lisonjear-se, em suma, é possível tratar a multidão de cem maneiras, como um animal; mas é impossível julgar as pessoas como animais: impossível, porque os animais não se julgam; seja qual for a quantidade dos julgados, um julgamento que não julga as pessoas uma a uma individualmente[4] não é senão farsa e mentira. Com tantos culpados, a empresa é, impraticável; por isso se abandona tudo, sentindo a quimera de um juízo, e que são demasiados para serem julgados, que estaria acima das nossas forças fazê-los passar um a um, e portanto é necessário desistir de os *julgar*.

Com todas as suas luzes, a nossa época, que vê inconveniência em dar a Deus formas e sentimentos humanos, não vê contudo nenhuma em ver nele, como juiz, um simples juiz de paz ou um magistrado militar afadigado com tamanho processo... por isso se conclui que assim será, na eternidade, que é suficiente unir-se e certificar-se de que os pastores pregarão no mesmo sentido. E se aparecesse um ousando falar de outro modo, um só, tão ingênuo para ao mesmo tempo sobrecarregar a sua vida de tristeza e de angustiada e tremente responsabilidade, e perseguir a dos outros: seja! Façamo-lo passar por louco para nossa segurança, ou morrer, se for preciso. Logo que tenhamos o número, não é injustiça. A tolice ou velharia

---

4 É por isso que Deus é "o Juiz", porque ignora a multidão e só conhece indivíduos.

O desespero humano

fora de moda é crer que o número possa fazer uma injustiça; o que ele faz é a vontade de Deus. A experiência mostra-nos que é perante esta sabedoria – porque, afinal, não somos ingênuos imberbes, não falamos no ar, mas como homens *de peso* – que, até hoje, todos se têm inclinado, imperadores, reis e ministros; que foi ela quem, até hoje, nos ajudou a elevar ao poder todas as nossas criaturas, cabe agora a vez a Deus de se inclinar. Basta ser em grande número, e estar lado a lado, o que nos garantirá do juízo da eternidade. Oh! Sem dúvida que estaríamos garantidos, se só na eternidade nos tornássemos indivíduos. Mas, indivíduos éramos e perante Deus o continuamos a ser sempre, e até o homem metido em um armário de vidro está mais à vontade do que, perante Deus, cada um de nós na sua transparência. É isso a consciência. É ela que dispõe tudo de tal modo que um relatório imediato segue cada uma das nossas faltas, e é o próprio culpado quem o redige. Mas redige-o com uma tinta simpática que só é legível à contraluz da luz eterna, quando a eternidade faz a revisão das consciências. No fundo, entrando na eternidade, somos nós que levamos e entregamos o relato minucioso dos nossos mais insignificantes pecados, cometidos ou omitidos. Por isso uma criança poderia administrar a justiça na eternidade; na realidade não há nada a ser feito por um terceiro, tudo até às nossas menores palavras estando registrado. O culpado, na terra a caminho da eternidade, tem a mesma sorte que aquele assassino que foge a toda a velocidade do comboio do lugar do crime e... do seu crime; ai dele! Ao longo da via que o leva, corre o fio telegráfico transmissor dos seus sinais e da ordem para o prender na próxima estação. Na *gare*, ao saltar à terra, já é prisioneiro – ele próprio, por assim dizer. trouxe o desenlace.

O escândalo está portanto em desesperar da remissão das faltas. E o escândalo eleva o pecado a um grau superior. É o que em regra se esquece, por não se contar verdadeiramente o escândalo como pecado, e em vez de referir, fala-se de pecados, sem deixar lugar para ele. Menos ainda é concebido como elevando o pecado a um grau superior. Por quê? Porque não se opõe, como quer o cristianismo, o pecado à fé, mas à virtude.

Capítulo III
O abandono positivo do cristianismo, o pecado de o negar

Esse é o pecado contra o Espírito Santo. O eu eleva-se, aqui ao seu supremo grau de desespero; não faz senão lançar longe de si o cristianismo, considera-o como mentira e fábula... que ideia monstruosamente desesperada deve ter de si próprio um tal eu!

A elevação de potência do pecado revela-se quando o interpretamos como uma guerra entre o homem e Deus, na qual o homem muda de táctica; o seu aumento de potência, consiste em passar da defensiva à ofensiva. O pecado começa por ser desespero, e o desesperado luta esquivando-se. Vem depois um segundo desespero, e desespera-se do pecado; ainda aqui se luta pelo entrincheiramento nas posições de retirada, mas sempre *pedem referens*. Em seguida, mudança de tática: embora se entranhe cada vez mais em si e que desse modo se afaste, pode contudo dizer-se que o pecado se aproxima e cada vez se torna mais decisivamente ele próprio. Desesperar da remissão dos pecados é uma atitude positiva em face de uma oferta da misericórdia divina; já não é apenas um pecado completamente em retirada, nem em simples defensiva. Mas o abandono do

O desespero humano

cristianismo pelo fato de o considerar fábula e mentira, isso é ofensiva. Toda a tática precedente concedia em suma ao adversário a superioridade. Agora é o pecado que ataca.

O pecado contra o Espírito Santo é o pecado que ataca.

O dogma do cristianismo é o dogma do homem-deus, o parentesco entre Deus e o homem, mas reservando a possibilidade do escândalo, como a garantia da qual Deus se premune contra a familiaridade humana. Na possibilidade do escândalo está a força dialética de todo o cristianismo. Sem ele o cristianismo cai abaixo do paganismo e perde-se em tais quimeras que um pagão o consideraria como pura fantasia. Estar tão perto de Deus que o homem tenha o poder de o aproximar em Cristo, que cérebro humano jamais o teria sonhado? E a considerá-lo sem rodeios, abertamente, sem reserva nem constrangimento, com desenvoltura, o cristianismo, caso se considere loucura humana esse poema do divino que é o paganismo, seria então a invenção da demência de um deus; dogma assim só poderia ter vindo à cabeça de um deus que tivesse perdido a razão... assim concluirá o homem que ainda tenha a sua. O deus encarnado, se o homem, sem cerimônia, devesse ser o seu camarada, seria um *pendant* ao príncipe Henrique de Shakespeare.[5]

Deus e o homem são duas naturezas separadas por uma infinita diferença de natureza. Toda a doutrina que o não quer ter em conta, é para o homem uma loucura e para Deus uma blasfêmia. No paganismo é o homem que reduz Deus ao homem (deuses antropomórficos); no cristianismo é Deus quem se torna homem (homem-deus)... mas a essa caridade infinita da sua graça, Deus põe contudo uma condição, uma única, que

---

5 Em *Henrique IV*.

não pode deixar de pôr. Nisso consiste precisamente a tristeza de Cristo, ser obrigado a pô-la; pode humilhar-se a ponto de tomar o aspecto de um servo, suportar o suplício e a morte, chamar-nos todos a si, sacrificar a sua vida... mas o escândalo, não! Não pode abolir a sua possibilidade. Ó ato único e tristeza indecifrável do seu amor, essa impotência do próprio Deus – e em outro sentido a sua recusa de o querer – essa impotência do próprio Deus, ainda que ele o quisesse, em fazer que esse ato de amor não se converta para nós ao seu exato oposto, na nossa extrema miséria! Porque o pior para o homem, pior ainda que o pecado, está em escandalizar-se de Cristo, e obstinar-se no escândalo. E isso, Cristo, que é o "Amor", não o pode impedir. Vede como ele nos diz: "Bem-aventurados aqueles que não se escandalizam de mim". Porque mais não lhe é dado fazer. O que ele pode, portanto, o que está em seu poder, é levar, pelo seu amor, um homem a uma infelicidade tal como ele a não poderia atingir por si próprio. Ó insondável contradição do amor! É o seu próprio amor que o impede de ter a dureza de não levar a cabo esse ato de amor; porque não torna ele, porém, um homem desgraçado como jamais de outro modo ele teria chegado a ser!

Mas tentemos falar disto humanamente. Ó miséria de uma alma que jamais sentiu essa necessidade de amar, na qual tudo se sacrifica por amor, de uma alma, portanto, que jamais o pôde! Mas se precisamente esse sacrifício do seu amor lhe revelasse a maneira de fazer a maior infelicidade, de outrem, de um ser amado, que faria? Ou nela o amor perderá a sua força, e de uma vida de poderio descerá até aos mudos escrúpulos da melancolia, e, afastando-se do amor, não ousando assumir a ação que entrevê, essa alma sucumbirá, não por agir, mas devido à angústia de poder agir. Pois tal como um peso é infinitamente

O desespero humano

mais pesado, se está na extremidade de uma alavanca, e que seja necessário erguê-lo pela outra, assim também qualquer ato se torna infinitamente mais pesado ao tornar-se dialético, e o seu peso infinito quando essa dialética se complica de amor, quando aquilo que o amor leva a fazer pelo ser amado, a solicitude pelo amado, parece pelo contrário desaconselhá-lo. Ou então o amor vencerá, e por amor esse homem ousará agir. Mas na sua alegria de amar (o amor é sempre alegria, sobretudo se é sacrifício) a sua tristeza profunda será... a própria possibilidade de agir! Por isso só em lágrimas ele realizará essa ação do seu amor, só em lágrimas fará o sacrifício (que lhe dá, a ele, tamanha alegria): porque sempre flutua, sobre o que chamarei uma pintura da história da interioridade, a sombra funesta do possível! E, contudo, se essa sombra não reinasse, seria o seu um ato de verdadeiro amor? Não sei, amigo leitor, que terás feito na vida, mas esforça agora o teu cérebro, arranca a máscara, caminha a descoberto por uma vez, desnuda o teu sentimento até às suas vísceras, destrói todas as muralhas que ordinariamente separam o leitor do seu livro, e lê então Shakespeare... verás conflitos que te farão estremecer! Mas perante os verdadeiros, os conflitos religiosos, o próprio Shakespeare parece ter recuado com temor. Talvez porque eles, para se exprimir, só toleram a linguagem dos deuses. Linguagem excluída pelo homem; pois que, como muito bem o disse um grego, os homens ensinam-nos a falar, mas os deuses a nos calar.

Esta diferença infinita de natureza entre Deus e o homem, eis o escândalo cuja possibilidade nada pode afastar. Deus faz-se homem por amor e diz-nos: Vede o que é ser homem; mas acrescenta: tomai cuidado, porque ao mesmo tempo sou eu Deus... e bem-aventurados os que não se escandalizam de mim. E se ele reveste, como homem, a aparência de um humilde servo, é para que essa humilde extração a todos manifeste que nunca devemos julgar-nos excluídos de nos aproximarmos d'Ele, que para isso não é necessário prestígio ou crédito. Com efeito, ele é humilde. Olhai para mim, diz, e vinde convencer--vos do que é ser homem, mas tomai cuidado também, porque ao mesmo tempo eu sou Deus... e bem-aventurados aqueles que não se escandalizam de mim. Ou inversamente: Meu Pai e eu somos um só, e contudo eu sou este homem de nada, este humilde, este pobre, este desamparado, entregue à violência humana... e bem-aventurados aqueles que não se escandalizam de mim. E este homem de nada que sou é o mesmo que faz que os surdos ouçam, que os cegos vejam, caminhem os coxos, e se curem os leprosos e ressuscitem os mortos... sim, bem--aventurados os que não se escandalizam de mim.

É por isso que esta palavra de Cristo, quando se prega sobre ele — e, responsável perante o Altíssimo, ouso afirmá-lo aqui — tem tanta importância, senão como as palavras de consagração da Ceia, pelo menos como as da Epístola aos Coríntios: Que cada qual se examine. Porque são as próprias palavras de Cristo, e é preciso, pelo menos para nós, cristãos, intimá-las, reiterá--las, sem descanso, repetindo-as a cada um de nós particular-mente. Onde quer que as calem,[6] onde quer que, pelo menos, a

---

6 E quase todos os cristãos as calam: será porque ignorem ver-dadeiramente que é o próprio Cristo quem, tanta vez, com tamanho acento interior nos disse que tivéssemos cautela com o escândalo, e até quase o fim da sua vida o repetiu mesmo aos apóstolos, seus fiéis desde o começo, que por ele tudo tinham abandonado? Ou dar-se-á o caso que o seu silêncio ache exage-radamente ansiosas essas advertências de Cristo, dado que uma experiência inumerável demonstra que é bem possível crer em

O desespero humano

exposição do cristianismo não se penetre do seu pensamento, o cristianismo não é senão blasfêmia. Pois que, sem guardas nem servidores para lhe abrir passagem e fazer compreender aos homens quem se aproximava, Cristo passou neste mundo sob o aspecto humilde de um servo. Mas o risco do escândalo (ah! Que no fundo do seu amor era essa a sua tristeza!) defendia-o e defende-o ainda, como um abismo escancarado entre Ele e aqueles a quem mais ama e lhe estão mais próximos.

Aquele que, com efeito, não se escandaliza, a sua fé é uma *adoração*. Mas adorar, que traduz crer, traduz também que a diferença de natureza entre o crente e Deus permanece um abismo infinito. Pois que na fé se encontra de novo o risco do escândalo como força dialética.[7]

Mas o escândalo aqui em causa é bem diferentemente positivo, pois que tratar o cristianismo como fábula e mentira é tratar de igual modo a Cristo.

Cristo sem ter tido jamais a menor ideia do escândalo? Mas não será esse um erro que venha a ser corrigido um dia, quando o possível do escândalo fizer a escolha entre os chamados cristãos?

7 Aqui um pequeno problema para os observadores. Admitamos que todos os pastores daqui e de acolá, que pregam ou que escrevem, sejam cristãos crentes, como é que nunca se ouve nem se lê esta prece que seria contudo bem natural nos nossos dias: Pai celeste, dou-te graças por nunca teres exigido de um homem a inteligência do cristianismo; de outro modo eu seria o último dos desgraçados. Quanto mais tento compreendê-lo, mais incompreensível o acho, mais encontro, apenas, a possibilidade do escândalo. É por isso que te peço para sempre a fazeres aumentar em mim.

Esta oração seria pura ortodoxia e, supostos sinceros os lábios que a dizem, seria ao mesmo tempo de uma ironia impecável para toda a teologia dos nossos dias.

Mas existirá a fé neste mundo?

163

Para ilustrar esta forma de escândalo, será conveniente passar em revista as suas diferentes formas; como deriva sempre, em princípio, do paradoxo (isto é, de Cristo), iremos encontrá-lo sempre que se defina o cristianismo, coisa que não se pode fazer sem que nos pronunciemos sobre Cristo, sem que o tenhamos presente no espírito.

A forma inferior do escândalo, a mais inocente humanamente, consiste em deixar indeciso o problema de Cristo, em concluir que não se ousa concluir (uma maneira de dizer que não se crê) que nos abstemos de julgar. Essa forma de escândalo, porque o é, escapa à maior parte. Tão completamente se esqueceu o "Deves" do imperativo cristão. Daí que não se veja o escândalo de relegar Cristo para a indiferença. E contudo, essa mensagem que é o cristianismo não pode significar para nós senão o dever imperioso de concluir acerca de Cristo. A sua existência, o fato da sua realidade presente e passada, impera sobre toda a nossa vida. Se o sabes, cometes o escândalo decidindo que a esse respeito não terás opinião.

Em uma época como a nossa, na qual o cristianismo é pregado com a mediocridade que se sabe, é necessário tomar esse imperativo com alguma reserva. Mas que ainda por cima se pretenda não ter opinião a esse respeito, isso é o escândalo. É com efeito negar a divindade de Cristo, negar o seu direito a exigir de cada um que tenha opinião. Escusam de dizer que não se pronunciam, que não dizem "nem sim nem não a respeito de Cristo". É então o momento de perguntar se lhes é indiferente saber se devem ou não ter uma opinião sobre Cristo. Os que disserem não, caem na sua própria armadilha; aos que disserem sim, ainda o cristianismo os condenará apesar de tudo, pois que todos devemos ter uma opinião a esse respeito, e igualmente

O desespero humano

portanto acerca de Cristo, e ninguém deve ter a ousadia de tratar a vida de Cristo como curiosidade sem importância. Quando Deus se encarna e se faz homem, não é de uma fantasia que se trata, de uma invenção para se evadir, talvez, desse tédio inseparável, segundo uma opinião impudente, de uma existência de Deus... em suma, não é para pôr nela a aventura. Não, esse ato de Deus, esse fato, é a seriedade da vida. E por sua vez, a seriedade dessa seriedade, é o *dever* imperioso que todos têm de ter uma opinião a esse respeito.

Quando um monarca passa em uma cidade da província, é para ele uma injúria que um funcionário, sem desculpa válida, se dispense de ir cumprimentá-lo; mas que pensaria ele então de um funcionário que pretendesse ignorar a própria vinda do rei à cidade, que quisesse fazer de suficiente e que desse modo "desprezasse Sua Majestade e a Carta!" É o mesmo caso quando apraz a Deus fazer-se homem... e que alguém (porque o homem está para Deus como para o rei o funcionário) ache conveniente dizer: sim, é um ponto sobre o qual não me interessa ter opinião. Assim se fala, com ares aristocráticos, do que no fundo se despreza: assim, sob esta altivez que se quer equitativa, se despreza Deus.

A segunda forma do escândalo, ainda que negativa, é um sofrimento. Nela, sentimo-nos sem dúvida incapazes de ignorar Cristo, incapazes de deixar pendente todo esse problema de Cristo pelo mergulhar nas agitações da vida. Mas nem por isso se fica menos incapaz de crer, esbarra-se sempre no mesmo e único ponto, no paradoxo. Ainda é, se assim quiserem, prestar homenagem ao cristianismo, é dizer que a pergunta: "Que dizes acerca de Cristo?". É com efeito a pedra de toque. O homem a tal ponto atolado no escândalo passa a sua vida como uma sombra, vida que se consome porque ele gira sempre no seu foro íntimo à volta desse mesmo problema. E a sua vida irreal exprime com evidência (como no amor, o sofrimento de um amor infeliz) toda a substância profunda do cristianismo.

A última forma do escândalo é exatamente a deste último capítulo, a forma positiva. Ela considera o cristianismo como fábula e mentira, nega Cristo (a sua existência, e que ele seja quem diz ser) à maneira dos docetas ou dos racionalistas: então, ou Cristo deixa de ser um indivíduo, não tendo senão a aparência humana, ou não é senão um homem, um, indivíduo; assim ele se desvanece com os docetas em poesia ou mito sem pretensão à realidade, ou mergulha com os racionalistas em uma realidade que não pode aspirar à natureza divina. Esta negação de Cristo, do paradoxo, implica por sua vez a do cristianismo: do pecado, da remissão dos pecados etc.

Esta forma de escândalo é o pecado contra o Espírito Santo. Assim como os judeus diziam que Cristo escorraça os demônios por meio do Demônio, assim também este escândalo faz de Cristo uma invenção do demônio.

Este escândalo é o pecado, elevado à sua suprema potência, coisa que vulgarmente não se vê, por não se opor cristãmente o pecado à fé.

É esse contraste que, pelo contrário, serviu de fundo a todo este escrito, quando, desde a primeira parte (Livro I, cap.I) formulamos o estado de um eu do qual o desespero está totalmente ausente: na sua relação com ele próprio, e querendo ser ele próprio, o eu mergulha através da sua própria transparência no poder que o criou. E esta fórmula é, por sua vez, como tantas vezes o lembramos, a definição da fé.

SOBRE O LIVRO

Formato: 14 x 21 cm
Mancha: 23 x 44 paicas
Tipologia: Venetian 301 12,5/16
Papel: Off-white 80g/m² (miolo)
Cartão Supremo 250 g/m² (capa)
1ª edição: 2010

EQUIPE DE REALIZAÇÃO

Capa
Andrea Yanaguita

Edição de Texto
Elisa Buzzo (copidesque)
Dalila Pinheiro (revisão)

Editoração Eletrônica
Eduardo Seiji Seki (Diagramação)

Rua Xavier Curado, 388 • Ipiranga - SP • 04210 100
Tel.: (11) 2063 7000 • Fax: (11) 2061 8709
rettec@rettec.com.br • www.rettec.com.br